AF186330

Dieses Buch ist allen Mahnern und einsamen Rufern gewidmet, denen das Wohlergehen unserer Gesellschaft am Herzen liegt. Jeder kritische Geist ist einsam und gehört zu einer Minderheit. Die Minderheit von heute kann jedoch die Mehrheit von morgen sein.

Dieses Buch ist auch meiner Frau Marlene gewidmet für ihre kritischen und klugen Ratschläge, die mich in meinem Leben begleitet und die stets eine gute Ratgeberin ist.

Bonn, im Mai 2021

Michael Ghanem

„Die Gedanken sind frei"

Die Zeit

Eine verkannte

Weltmacht

Mensch & Gesellschaft Nr.1

© 2021 Michael Ghanem

Verlag und Druck: tredition GmbH, Halenreie 40-44, 22359 Hamburg

ISBN

978-3-347-32523-4 (Paperback)
978-3-347-32524-1 (Hardcover)
978-3-347-32525-8 (e-Book)

Das Werk, einschließlich seiner Teile, ist urheberrechtlich geschützt. Jede Verwertung ist ohne Zustimmung des Verlages und des Autors unzulässig. Dies gilt insbesondere für die elektronische oder sonstige Vervielfältigung, Übersetzung, Verbreitung und öffentliche Zugänglichmachung.

Über den Autor: **Michael Ghanem**

https://michael-ghanem.de/
https://die-gedanken-sind-frei.org/

Jahrgang 1949, Studium zum Wirtschaftsingenieur, Studium der Volkswirtschaft, Soziologie, Politikwissenschaft, Philosophie und Ethik, arbeitete viele Jahre bei einer internationalen Organisation, davon fünf Jahre weltweit in Wasserprojekten, sowie einer europäischen Organisation und in mehreren internationalen Beratungsunternehmen.

Bonn, im Mai 2021

Er ist Autor von mehreren Werken, u.a.
„Ich denke oft.... an die Rue du Docteur Gustave Rioblanc – Versunkene Insel der Toleranz"
„Ansätze zu einer Antifragilitäts-Ökonomie"
„2005-2018 Deutschlands verlorene 13 Jahre Teil 1: Angela Merkel – Eine Zwischenbilanz"
„2005-2018 Deutschlands verlorene 13 Jahre Teil 2: Politisches System – Quo vadis?"
„2005-2018 Deutschlands verlorene 13 Jahre Teil 3: Gesellschaft - Bilanz und Ausblick
„2005-2018 Deutschlands verlorene 13 Jahre Teil 4: Deutsche Wirtschaft- Quo vadis?"
„2005-2018 Deutschlands verlorene 13 Jahre Teil 5: Innere Sicherheit- Quo vadis?"
„2005-2018 Deutschlands verlorene 13 Jahre Teil 6: Justiz- Quo vadis?"
„2005-2018 Deutschlands verlorene 13 Jahre Teil 7: Gesundheit- Quo vadis? Band A, B und C"

„2005-2018 Deutschlands verlorene 13 Jahre Teil 8: Armut, Alter, Pflege - Quo vadis?"

„2005-2018 Deutschlands verlorene 13 Jahre Teil 9: Bauen und Vermieten in Deutschland - Nein danke"

„2005-2018 Deutschlands verlorene 13 Jahre Teil 10: Bildung in Deutschland"

„2005-2018 Deutschlands verlorene 13 Jahre Teil 11: Der Niedergang der Medien"

„2005-2018 Deutschlands verlorene 13 Jahre Teil 12: Literatur – Quo vadis - Teil A"

„2005-2018 Deutschlands verlorene 13 Jahre Teil 13: Entwicklungspolitik – Quo vadis - Teil A"

„Eine Chance für die Demokratie"

„Deutsche Identität – Quo vadis?

„Sprüche und Weisheiten"

„Nichtwähler sind auch Wähler"

„AKK – Nein Danke!"

„Afrika zwischen Fluch und Segen Teil 1: Wasser"

„Deutschlands Titanic – Die Berliner Republik"

„Ein kleiner Fürst und eine kleine blaue Sirene"

„21 Tage in einer Klinik voller Narren"

„Im Würgegriff von Bevölkerungsbombe, Armut, Ernährung Teil 1"

„Im Würgegriff von Rassismus, Antisemitismus, Islamophobie, Rechtsradikalismus, Faschismus, Teil 1"

„Im Würgegriff der politischen Parteien, Teil 1"

„Die Macht des Wortes"

"Im Würgegriff des Finanzsektors, Teil 1"

"Im Würgegriff von Migration und Integration"

„Weltmacht Wasser, Teil 1"

„Herr vergib ihnen nicht! Denn sie wissen was sie tun!"

„Verfallssymptome Deutschlands – Müssen wir uns das gefallen lassen?"

„Deutsche identität und Heimat – Quo vadis?

„I know we can! Eine Chance für Deutschland"

„Im Würgegriff der Staatsverschuldung, Teil 1 und Teil 2"

„50 Jahre Leben in Deutschland – Ein Irrtum? Ein Schicksal"

„Eine Straße ohne Seele"

„Ist Deutschland auf Sand gebaut?"

„Leonidas der Große – Ich bin ein Mensch"

„Vier Millionen entrechtete Deutsche"

„Der Teich des Teufels – ein Märchen"

„Die heutigen Reiter der Apokalypse"

„Die Deutschen – ein verfluchtes Volk?"

„Krisen in Zeiten von Corona, Teil 1"

„Thesen zur Gleichheit der Rassen"

„Die Sage vom Haus am See"

„2005 – 2021 Deutschlands verlorene 16 Jahre – Die Bilanz der Angela Merkel"
„Corona 2021 – Warten auf Godot"
„Wenn ich einmal der Herrgott wär"
„Liebe heißt"

Inhaltsverzeichnis

1. Vorwort

Wir Menschen sprechen ständig über die Zeit und es gibt sehr viele Meinungen darüber, was Zeit ist und was Zeit bedeutet. Und noch nie wurde über den Begriff Zeit so sehr diskutiert und gestritten wie heute. Man findet jedoch kaum ein grundlegendes Verständnis über die Bedeutung der Zeit.

Dabei lehrt uns die Geschichte, dass kein Mensch, so mächtig und so reich er sein mag, etwas gegen die Zeit und die Beherrschung durch die Zeit unternehmen kann. Keine Religion, keine Philosophen und keine Propheten können die Zeit beherrschen oder sie anhalten. Ein großer Teil der Bevölkerung versteht die Zeit als Orientierungspunkt zum Erreichen von Zielen, seien es wirtschaftliche, persönliche, gesellschaftliche oder politische.

Die Endlichkeit der Lebenszeit ist für jeden Einzelnen mit der Geburt vorgegeben. Problematisch ist jedoch, dass der Mensch sich mit dieser Endlichkeit und seiner eigenen Endlichkeit kaum abfinden kann.

Seit Menschengedenken gibt es den Versuch sich unsterblich, das heißt unabhängig von den Zeiträumen, zu machen. Das hat schon die alten Völker wie z. B. Ägypter, Römer, Griechen beschäftigt. Im Folgenden soll eine kleine Abhandlung über die Zeit und ihre verschiedenen Facetten vorgenommen werden.

Der Autor versichert, dass er für das Zustandekommen dieses Buches keine Rückgriffe auf Informationen aus seinem beruflichen Werdegang genommen und lediglich die öffentlich zugänglichen Quellen genutzt hat.

2. Die Zeit: Ein Guthaben?

2.1 Vorbemerkung

Mit der Geburt eines Menschen, der Gründung einer Gesellschaft, dem Beginn einer wirtschaftlichen Macht und dem Entstehen von Religionen bildet die Zeit als Guthaben das Fundament des Lebens. Dieses Guthaben ist mehr oder weniger vorgegeben und endet unwiderruflich mit Beendigung des Lebens, dem Niedergang von Zivilisationen und Kulturen, dem Niedergang von Weltmächten. Insoweit stellt die Zeit ein Guthaben dar, das es ermöglicht, Ziele zu erreichen. Dabei ist zu beobachten, dass die vorgegebenen Guthaben in vier verschiedene Phasen einzuteilen sind: Geburt und Aufstieg, Höhepunkt, Niedergang, und Verfall. Um die Dimensionen der Zeit zu erfassen wird im Folgenden das notwendige Grundwissen skizziert.

2.2 Willkürliche Zeitaufteilung

Die Zeitaufteilung – seien es die vorgegebenen Guthaben an Stunden, Tagen, Monaten und Jahre - ist menschengemacht und daher nicht naturgegeben. Sie ist zwar orientiert an der Natur und an dem Wechsel von Tag und Nacht, an der Helligkeit durch die Sonne und der Dunkelheit der Nacht und an dem Mond; die genaue Aufteilung wurde jedoch mithilfe von Astronomie und Astrologie festgelegt. Insoweit sie ist menschengemacht und hat sie keinen direkten natürlichen Ursprung. Sie wird jedoch aus der Natur abgeleitet.

2.3 Grundwissen

2.3.1 Lebenszeit

Die **Lebenserwartung** ist die im Durchschnitt zu erwartende Zeitspanne, die einem Lebewesen ab einem gegebenen Zeitpunkt bis zu seinem Tod verbleibt, wobei bestimmte Annahmen über die Sterberaten zugrunde gelegt werden. Diese werden in der Regel mit Hilfe einer Sterbetafel, meist einer Periodensterbetafel, ermittelt, die auf beobachteten Sterbehäufigkeiten der Vergangenheit und auf Modellannahmen für deren zukünftige Entwicklung basiert. Grundsätzlich kann der Zeitpunkt, ab dem die restliche Lebenserwartung ermittelt werden soll, beliebig gewählt werden. Im allgemeinen Fall ist es der Zeitraum, der mit der biologischen Entwicklung des Lebewesens beginnt, beim Menschen und den meisten Säugetieren nach der Geburt.

Die Lebenserwartung von Menschen bei Geburt lag laut Angaben der WHO im weltweit berechneten Durchschnitt 2019 bei 73,4 Lebensjahren.

Berechnung der Lebenserwartung

Am häufigsten wird die Lebenserwartung ab dem Zeitpunkt des Eintritts in das Leben berechnet. Die Lebenserwartung bei der Geburt gibt das Alter an, das die Neugeborenen eines bestimmten Jahrgangs durchschnittlich erreichen würden, wenn die altersspezifische Mortalität künftig konstant bleibt. Häufig wird dabei nicht die Gesamtpopulation der Neugeborenen betrachtet, sondern eine nach gewissen Kriterien ausgewählte Teilpopulation (etwa nach Wohnort, Geschlecht). Interessant sind dabei Angaben über die statistische Streuung der Lebenserwartung.

Menschliche Lebenserwartung

Allgemeines

Die menschliche Lebenserwartung wird von verschiedenen Einflussfaktoren bestimmt. Statistische Verzerrungen können sich durch die Säuglingssterblichkeit und weitere Mortalitätsdaten ergeben. So lag die Sterblichkeit im ersten Lebensjahr in der Zentralafrikanischen Republik 2010–2015 nach Angaben der UNO bei rund 8,2 Prozent. Die durchschnittliche weitere Lebens-erwartung gibt an, wie viele weitere Lebensjahre Menschen eines bestimmten Alters nach den in der aktuellen Berichtsperiode geltenden Sterblichkeitsverhältnissen durchschnittlich noch weiterleben.

Die weitere Lebenserwartung wächst mit dem Lebensalter an, da verschiedene Sterberisiken bereits überlebt wurden. Ein neugeborener Junge hat, nach Daten aus 2018, in Deutschland eine Lebenserwartung von gerundet 78 Jahren, im Alter von 5 Jahren sind es 79 Jahre, im Alter von 50 sind es 80 Jahre, mit 60 sind es 82, mit 70 sind es 84, mit 80 sind es 88 und mit 85 sind es 90 Jahre. Ein neugeborenes Mädchen hat in Deutschland eine Lebenserwartung von gerundet 83 Jahren, also 5 Jahre mehr als ein Junge. Dieser Abstand verringert sich im Laufe des Lebens. Im Alter von 50 beträgt die Lebenserwartung 84 Jahre, mit 60 sind es 85 Jahre (also noch 3 Jahre mehr als Männer), mit 80 sind es 90 Jahre (2 Jahre mehr) und mit 85 sind es 91 Jahre (ein Jahr mehr als Männer).

Sofern Populationen nicht durch Kriege, Genozide, Naturkatastrophen, Völkerwanderungen, Seuchen, Hungersnöte oder im Einzelfall Unfälle dezimiert werden, spielen die genetischen Anlagen der biologischen Lebenserwartung (Zellalterung), Qualität der medizinischen Versorgung, Stress, Ernährung und Bewegung wichtige Rollen. Unter guten Rahmenbedingungen können Menschen 100 Jahre und älter werden. Der bisher älteste Mensch (Jeanne Calment) erreichte ein Lebensalter von 122 Jahren. Die maximale Lebenserwartung von Menschen wird unter Forschern seit vielen Jahren kontrovers diskutiert: Während die einen die Ansicht vertreten, dass Menschen (und die meisten Tiere) theoretisch unbegrenzt leben können, sind viele davon überzeugt, dass es eine natürliche Obergrenze für die maximale Lebenszeit gibt. Statistische Untersuchungen legen nahe, dass eher letzteres zutrifft und Menschen – unter natürlichen Umständen – selbst bei optimalen Bedingungen nicht älter als durchschnittlich 115 bis maximal 125 Jahre alt werden können. Als Grund nennen die Forscher in erster Linie die kontinuierliche Anhäufung von DNA-Schäden im Laufe des Lebens eines Menschen – mit der Folge von schädlichen Mutationen und zunehmend defekten Proteinen und Enzymen. Durch eine gesunde Lebensweise, bestimmte Medikamente und mit Hilfe der körpereigenen Reparatursysteme kann dieser Prozess zwar verlangsamt, aber letztendlich nicht aufgehalten werden: Überschreiten die akkumulierten Zellschäden einen bestimmten Schwellenwert, ist der Tod des Individuums unausweichlich. Dies trifft auch dann zu, wenn zuvor

keine zwangsläufig zum Tode führende Erkrankung, wie z. B. eine bös-
artige Krebskrankheit vorhanden war.

Die höchste Lebenserwartung haben die Menschen in Monaco mit
89,52 Jahren, die geringste Lebenserwartung im afrikanischen
Land Tschad mit 49,81 Jahren (Stand 2015). 2007 hatten noch die
höchste Lebenserwartung die Menschen in Andorra mit 83,5 Jahren
(2015: 82,72), die geringste Lebenserwartung im afrikanischen
Land Eswatini mit 34,1 Jahren (2015: 51,05).

Lebenserwartung ist eine wichtige sozioökonomische Messgröße. Je
höher sie für eine bestimmte Gruppe ist, desto höher ist deren Lebens-
standard, beispielsweise medizinische Versorgung, Hygiene, Trink-
wasserqualität und Ernährungslage. Unterschieden wird die Lebens-
erwartung häufig nach Geschlecht, Staatsangehörigkeit, Berufszuge-
hörigkeit oder nach speziell ausgewiesener Risikogruppe. Während
die Statistiken, die sich auf Staaten oder Regionen beziehen, vorwie-
gend volkswirtschaftliche Indikatoren ausweisen, wird die Unterschei-
dung nach bestimmten Bevölkerungsgruppen, insbesondere in der
Versicherungswirtschaft, zur Berechnung von Risiken und der Bemes-
sung von Prämien oder Renten herangezogen.

Die Berechnung der Lebenserwartung erfolgt anhand von Sterbeta-
feln, welche die genaue Zahl der Überlebenden und Gestorbenen pro
100.000 Einwohner früherer Jahrgänge nach dem durchschnittlichen
Lebens- bzw. Sterbealter in Jahren ausweisen.

Beispiel Deutschland

Im Jahr 2015 betrug die durchschnittliche Lebenserwartung neugebo-
rener Jungen 77 Jahre und 9 Monate (2010: 77 Jahre und 4 Monate).
Die entsprechende Zahl für neugeborene Mädchen lautete 82 Jahre
und 10 Monate (2010: 82 Jahre und 6 Monate). Die so berechnete
durchschnittliche Lebenserwartung ist eine ungenaue Prognose, die
im Wesentlichen den jetzigen Trend extrapoliert. Dieser könnte einer-
seits durch Kriege oder Seuchen abrupt gestoppt oder sogar ins Gegen-
teil gekehrt werden, aber auch beispielsweise durch medizinische
Durchbrüche verstärkt werden.

Im Jahr 2007 hatten Jungen in den alten Bundesländern bei ihrer Ge-
burt eine Lebenserwartung von 76,9 Jahren, in den neuen Bundeslän-
dern (ohne Berlin) eine von 75,5 Jahren. Der Ost-West-Unterschied be-
trug 1,4 Jahre. Bei den neugeborenen Mädchen betrug der Abstand zu-
gunsten der im Westen geborenen Mädchen 0,3 Jahre.

Die Lebenserwartung hat sich in den letzten Jahrzehnten kontinuierlich verlängert. Faktoren wie Friedenszeit, gestiegenes Einkommen, höherer Lebensstandard, bessere Ernährungslage etc. spielen dabei eine wesentlich größere Rolle als Medizinfortschritt oder Änderung des Zigarettenkonsums in der Gesamtbevölkerung.

In Deutschland im Zeitraum 2016/18 betrug die Lebenserwartung für Männer 78,5 Jahre und für Frauen 83,3 Jahre.

Risikofaktoren

Genetische Faktoren, unzureichende Ernährung, mangelnde Hygiene, unsauberes Trinkwasser, Stress sowie mangelnde ärztliche Versorgung begrenzen in der Hauptsache die Lebenserwartung. Das galt für die vorindustrielle Zeit und gilt noch für viele Entwicklungsländer. Dort, wo diese Verhältnisse auf einem akzeptablen Niveau sind, gelten unter anderem nachstehende Schlüsselfaktoren als bedeutsam.

- *Bluthochdruck*
- *Rauchen und übermäßiger Alkoholkonsum*
- *Adipositas (Fettleibigkeit) und Übergewicht*
- *Diabetes bzw. hoher Blutzuckerspiegel*
- *Bewegungsmangel*

Wie eine amerikanische Studie belegt, geht die gestiegene Lebenserwartung dennoch mit einem verschlechterten Gesundheitszustand der alten Menschen einher. So ist auch die Zahl der Lebensjahre, in denen Menschen eine schwere Erkrankung erleiden, kontinuierlich gestiegen. Auch dafür werden die vorgenannten Risikofaktoren verantwortlich gemacht, da sie bei alten Menschen noch deutlich riskanter sind als bei Jüngeren.

Bezüglich krankheitsbedingter Sterblichkeit wurden als Schlüsselfaktoren erkannt: übertragbare und geburtsbedingte Erkrankungen, die sich in der Kindheit auswirken. Die Ergebnisse der Studie gelten weltweit, da alle übrigen wichtigen Mortalitätsrisikofaktoren (Mangelernährung, ungenügende Wasserversorgung, bauliche, persönliche und häusliche Hygienebedingungen, ungeschützter Geschlechtsverkehr, Tabaknutzung, Alkohol, Arbeitssicherheit, Bluthochdruck, Bewegungsarmut, Drogenverwendung und Luftverschmutzung) in jeder der 107 Weltregionen statistisch getrennt berücksichtigt wurden.

Über 20 % der weltweit 56 Millionen Verstorbenen 2001 waren Kinder unter fünf Jahren. So liegt die Wahrscheinlichkeit einer 70-jährigen

Person, 90 Jahre alt zu werden, zwischen 5 % und 54 %, je nachdem wie günstig oder ungünstig vorstehende Faktoren gegeben sind. Alkoholkonsum und Cholesterinspiegel wurden vor dieser Untersuchung als ebenfalls bestimmende Faktoren betrachtet, ihr Einfluss wurde im Vergleich als wesentlich geringfügiger erkannt.

Einfluss des Geschlechts auf die Lebenserwartung

Der Zusammenhang zwischen der Lebenserwartung und dem Geschlecht einer Person ist für Deutschland eindeutig belegt. Eine Untersuchung der Deutschen Aktuarvereinigung e. V. (DAV) aus dem Jahre 2008 belegt für die letzten 130 Jahre, dass die Sterblichkeit von Frauen im Altersbereich von 20 bis 70 nur etwa halb so groß ist wie von Männern. Frauen erreichen in den meisten Industrieländern eine um vier bis acht Jahre höhere Lebenserwartung (Westdeutschland fünf Jahre, Ostdeutschland sechs Jahre).

Gesundheitsbewusstsein und Lebensweise

Als Ursache für die unterschiedliche Lebenserwartung wird von Wissenschaftlern das geringere Gesundheitsbewusstsein von Männern genannt, das sich unter anderem dadurch äußert, dass Männer mehr rauchen und mehr Alkohol trinken, sowie bei Krankheitssymptomen seltener einen Arzt aufsuchen. Eine 2011 veröffentlichte Studie, die Daten aus 30 europäischen Ländern untersuchte, kam zu dem Schluss, dass zwischen 40 und 60 Prozent des Geschlechterunterschieds in der Lebenserwartung auf das Rauchen von Tabak zurückzuführen seien. 10 bis 30 Prozent können dem Genuss von Alkohol zugeschrieben werden. Aber auch die höhere Risikobereitschaft und die potenziell höhere Morbiditätsrate in typischen Männerberufen, die häufig mit gefahrgeneigter Arbeit und körperlich schädigenden oder stressbehafteten Tätigkeiten verbunden sind, werden als Ursachen angeführt. Weitere Ursachen finden sich in den Artikeln Schwerarbeit und Frauenanteil in der Privatwirtschaft.

Die Klosterstudie ergab im Vergleich der Lebenserwartung zwischen Ordensmitgliedern und Allgemeinbevölkerung, dass bei Ordensmitgliedern signifikant geringere Unterschiede bei der geschlechts-spezifischen Lebenserwartung vorliegen. Im Vergleich zur Allgemeinbevölkerung ist die Lebenserwartung von Mönchen um rund 4,5 Jahre signifikant höher als die der männlichen Allgemeinbevölkerung, während solche Unterschiede zwischen den weiblichen Vergleichsgruppen nicht zu verzeichnen sind. Die Ursachen liegen neben dem höheren

Tabakkonsum in der ungleichen Verteilung von Stressoren zwischen Frauen und Männern, der ungleichen Selektion durch beide Weltkriege und deren langfristigen Spätfolgen, der geringeren Teilnahme von Frauen am Erwerbsleben und Hausfrauentätigkeit in Kombination mit Mutterschaft. Damit können biologische Ursachen bei der Übersterblichkeit von Männern zu einem wesentlichen Teil ausgeschlossen werden. Insgesamt wird der Beitrag biologischer Ursachen für die männliche Übersterblichkeit auf 0 bis 2 verlorene Lebensjahre geschätzt. Zusammenfassend lässt sich sagen,

„dass Frauen zwar etwas länger leben, aber vor allem die Männer früher sterben" – MARC LUY 2006 IN „LEBEN FRAUEN LÄNGER ODER STERBEN MÄNNER FRÜHER?"

Es scheinen nur bestimmte Gruppen der männlichen Bevölkerung für die geringere Lebenserwartung von Männern verantwortlich zu sein. Paola Di Giulio vom Max-Planck-Institut für demografische Forschung (MPIDR in Rostock) identifizierte die Gruppen der „Active Bon-Vivants" (häufig übergewichtige Vielarbeiter und Raucher; überwiegend Männer) und der „Nihilists" (korpulente Nichtsportler und Gesundheitsvorsorge-Vermeider – in dieser Gruppe zu gleichen Teilen Männer und Frauen). Auf der anderen Seite finden sich in der Gruppe der „Interventionists" (Nicht-Raucher, Nicht-Trinker mit gesunder Ernährung und ohne Stress-Job) hauptsächlich Frauen.

Hormonelle Faktoren

Für die risikogeneigtere Lebensweise und das geringere Gesundheitsbewusstsein von Männern sind nicht allein kulturelle Faktoren, sondern auch hormonelle und damit biologische Faktoren verantwortlich. Insbesondere bei jungen Männern bewirkt das Sexualhormon Testosteron eine höhere Risikobereitschaft, die zu einer höheren Sterblichkeit, insbesondere durch Unfälle führt. Demgegenüber wirkt das weibliche Geschlechtshormon Östrogen in Frauen gesundheitsfördernd. Es sorgt für eine höhere Zahl von Antikörpern gegen Infektionen. Östrogene bewirken eine höhere Produktion des „guten" HDL im Blutfett, verbessern entsprechend die Cholesterinwerte und schützen damit vor Herzinfarkten und Schlaganfällen. Eine Übersichtsstudie schlussfolgert allerdings, dass endogene Testosteronspiegel im normalen Bereich für das männliche Herz-Kreislauf-System vorteilhaft sind und bei Männern ein Testosteronmangel mit Gesundheitsproblemen und einer höheren Inzidenz von Herz-Kreislauf-Erkrankungen und erhöhter Sterblichkeit verbunden ist. Nach der „Unguarded X Hypothese" ist das doppelte X-Chromosom weiblicher Organismen ein Grund dafür, wieso diese – laut einer Studie durchschnittlich um 18 % – länger leben als männliche. Es schütze diese wahrscheinlich vor schädlichen Mutationen in den Genen des jeweils anderen X-Chromosoms.

Genetische Faktoren

Weiterhin relevant sind genetische Faktoren. Frauen haben in ihrem Erbgut zwei X-Chromosomen, Männer ein Y- und ein X-Chromosom. Das Y-Chromosom enthält lediglich die geschlechtsbestimmenden Informationen. Da wichtige Erbfaktoren der Immunabwehr auf dem X-Chromosom liegen, nutzen Frauen im Gegensatz zu Männern das immunologische Potential der X-Chromosomen beider Eltern. Während Erbkrankheiten, die sich auf einem einzigen X-Chromosom befinden, sich bei Männern immer auswirken, kann bei Frauen die Information in diesem Fall vom gesunden X-Chromosom abgelesen werden. Im Alter häufen sich Ablesefehler im Erbmaterial. Altersbedingte Veränderungen des aktiven X-Chromosoms können bei Frauen durch Reaktivierung des jeweils inaktiven zweiten X-Chromosoms kompensiert werden (X-chromosomale Reaktivierung), bei Männern nicht. Tierstudien unterstützen die Bedeutung dieses Zusammenhangs. So verfügen bei Säugetieren immer die männlichen Tiere über die X-Y-Kombination und haben die kürzere Lebenserwartung. Bei Vögeln ist es umgekehrt. Hier weisen die weiblichen Vögel mit der W-Z-Kombination eine kürzere Lebenserwartung auf als die männlichen Vögel mit zwei Z-Chromosomen.

Ereignisse wie Krieg und Umweltkatastrophen

Eine Untersuchung anhand von 141 Ländern im Zeitraum von 1981 bis 2002 hat gezeigt, dass das Geschlecht die Sterberate bei Naturkatastrophen beeinflusst. Demnach senken Naturkatastrophen und ihre Nachwirkungen die Lebenserwartung von Mädchen und Frauen disproportional mehr im Vergleich zur Lebenserwartung von Jungen und Männern. Biologische und physiologische Differenzen zwischen den Geschlechtern, soziale Normen, Rollenverhalten, Diskriminierung beim Zugang zu Ressourcen und der Zusammenbruch der Ordnung, der Mädchen und Frauen stärker häuslicher und sexueller Gewalt ausliefert, und vor allem der im Durchschnitt niedrigere sozio-ökonomische Status von Frauen werden als Erklärungsmöglichkeiten angeführt.

In Kriegen werden signifikant mehr Männer als Frauen getötet, was sich langfristig auf die Zahlen zur statistischen Lebenserwartung auswirkt. „Die bei der Volkszählung 1951 in Österreich errechnete Geschlechterproportion von 866 Männern auf 1000 Frauen hat sich bis 2011 auf 950 Männer auf 1000 Frauen erhöht. Ein Grund für den damaligen Frauenüberschuss – die gefallenen Männer beider Weltkriege – hat kontinuierlich an Bedeutung verloren, da die meisten Kriegswitwen inzwischen verstorben sind."

Andere Erklärungsansätze

Bei vielen Säugetierarten, zum Beispiel bei Labormäusen, leben die Weibchen im Durchschnitt länger als die Männchen. Dafür gibt es verschiedene Erklärungsansätze. Männchen haben eine größere Körpergröße, und in einer Säugetierart leben jeweils die kleineren Exemplare im Durchschnitt länger als die großen. Kleine Hunderassen können 16 Jahre erreichen, während große Hunde meist schon nach neun Jahren sterben. Kleine Menschen haben ebenfalls eine höhere Lebenserwartung als große. Wenn die geringere Körpergröße allerdings nicht genetisch bedingt ist, sondern aus schlechter Ernährung resultiert, kehrt sich die Regel um: Dann haben größere Menschen die höhere Lebenserwartung.

Eine Studie aus dem Jahr 2005 kam zu der Erkenntnis, dass das Ausmaß der patriarchalen Orientierung einer Gesellschaft mit der Lebenserwartung von Männern zusammenhängt. Demnach leben Männer in egalitären Gesellschaften im Durchschnitt länger als Männer in patriarchalen Gesellschaften. Die Forscher argumentieren, dass das Patriarchat Männern schade, auch wenn es ihnen bestimmte Vorteile gewähre.

Familienstand

Der Familienstand weist ebenfalls Zusammenhänge mit der Lebenserwartung auf. Nach einer Untersuchung von 1993 betrug die Lebenserwartung

- in dauerhafter Partnerschaft: Männer 71,1 Jahre, Frauen 82,2 Jahre;
- bei Verwitwerung über 60 Jahren: Männer 67,8 Jahre, Frauen 77,1 Jahre;
- bei Geschiedenen: Männer 59,8 Jahre, Frauen 75 Jahre.

Bei Männern ist das durchschnittlich erreichte Lebensalter bei jeder Form einer Partnerschaft gegenüber dem allgemeinen erreichten Lebensalter vermindert. Zum Vergleich lag die durchschnittliche Lebenserwartung für Männer 1991/93 bei rund 72,5 Jahren. Frauen hingegen werden in einer dauerhaften Partnerschaft älter als ihr allgemein erreichtes Alter (1991/93: 79,0 Jahre). Besonders auffällig ist die stark verminderte Lebenserwartung bei geschiedenen Männern.

Elternschaft

Es gibt einen eindeutigen Zusammenhang zwischen Elternschaft und Lebenserwartung: Mütter und Väter leben in der Regel länger als Menschen, die keine Kinder haben. Abhängig von der Anzahl der Kinder ist die Lebenserwartung um bis zu 5 Jahre höher als die Lebenserwartung von Menschen, die ohne Kinder sterben. Zuletzt wurde dies von einer Studie mit den Daten von vier Millionen schwedischen Frauen und Männern, die zwischen 1915 und 1960 geboren wurden, belegt.

Der Grund für den Unterschied ist jedoch noch unklar, die meisten gängigen Theorien können nur einen Teil der Unterschiede erklären.

Lebenserwartung Neugeborener

Deutschland

Von 1960 bis 2016 hat sich bedingt durch die gestiegene Lebenserwartung die Rentenbezugsdauer verdoppelt.

Lebenserwartung Neugeborener (Basis 2007–2009)

(J: Jahre, M: Monate)

Land/Gebiet	Jungen	Mädchen
Baden-Württemberg	78 J und 9,3 M	83 J und 6,8 M
Bayern	77 J und 4,6 M	82 J und 10,1 M
Berlin	77 J und 5,2 M	82 J und 5,3 M
Brandenburg	76 J und 6,9 M	82 J und 5,4 M
Bremen	76 J und 4,4 M	81 J und 10,2 M
Hamburg	77 J und 7,5 M	82 J und 6 M
Hessen	77 J und 10,4 M	82 J und 8,6 M
Mecklenburg-Vorpommern	75 J und 5,9 M	81 J und 10,6 M
Niedersachsen	76 J und 10,8 M	82 J und 5,6 M
Nordrhein-Westfalen	76 J und 10,3 M	81 J und 10,7 M
Rheinland-Pfalz	77 J und 5,6 M	82 J und 5,1 M
Sachsen	76 J und 10,6 M	82 J und 10,2 M
Schleswig-Holstein	77 J und 5,1 M	82 J und 4,4 M
Saarland	75 J und 10,9 M	81 J und 5,9 M
Sachsen-Anhalt	75 J und 5,8 M	81 J und 8,1 M
Thüringen	75 J und 5,2 M	82 J und 4,1 M
alte Bundesländer	77 J und 8,1 M	82 J und 8 M
neue Bundesländer	76 J und 5,9 M	82 J und 6,6 M
Deutschland	**77 Jahre und 6,3 Monate**	**82 Jahre und 7,7 Monate**

Soziale Ungleichheit und Lebenserwartung

Lebenserwartung ist höher in Ländern mit niedriger Ungleichheit

Für viele Länder ist ein deutlicher Zusammenhang zwischen der Lebenserwartung der Menschen und ihrem sozialen Status – gemessen über den Bildungsabschluss, den Berufsstatus oder das Einkommen – dokumentiert. Diese Befunde waren der Ausgangspunkt, um auf europäischer Ebene eine eigene Strategie zum Abbau gesundheitlicher Ungleichheiten zu fordern. Für Deutschland weisen Analysen auf Basis des sozio-oekonomischen Panels (SOEP) je nach Lebenserwartung deutliche Einkommensunterschiede aus. So werden armutsgefährdete Männer durchschnittlich nur 70 und Frauen 77 Jahre alt, während Männer und Frauen mit sehr hohen Einkommen fast 10 Jahre länger leben (81 und 85 Jahre). Die Ergebnisse verweisen zudem darauf, dass der Anteil der in Gesundheit verbrachten Lebensjahre deutlich variiert.

Gemäß Daten aus der privaten Rentenversicherung aus den Jahren 1995–2002 liegt die Sterberate für Bezieher hoher Renten um bis zu 20 % niedriger als für Bezieher geringer Renten. Aus Daten der gesetzlichen Rentenversicherung und des statistischen Bundesamtes geht hervor, dass die Wahrscheinlichkeit innerhalb eines Jahres zu sterben für einen 65-jährigen Mann je nach Rentenstatus unterschiedlich ist. Für Versicherte der damals eigenständigen Arbeiterrentenversicherung LVA war sie fast doppelt so hoch wie für Versicherte der damaligen Angestelltenversicherung BfA und für Beamte.

Aktuelle Modelle zur Erklärung des Zusammenhangs gehen nicht von einem direkten Einfluss des sozialen Status auf die Gesundheit und Lebenserwartung aus. Stattdessen wirkt der soziale Status indirekt, weil er ein wichtiger Bestimmungsfaktor für Unterschiede in gesundheitlich relevanten Faktoren – wie materielle und psychosoziale Ressourcen und Belastungen sowie das Gesundheitsverhalten – ist. Die Chancen und Risiken für ein gesundes und langes Leben werden bereits in der Kindheit und Jugend gelegt und verfestigen sich im Lebensverlauf durch Wechselwirkungen zwischen dem sozialen Status und dem Gesundheitszustand.

Soziale Unterschiede in der Lebenserwartung sind auch volkswirtschaftlich relevant. Karl Lauterbach zufolge führen die unterschiedlichen Rentenbezugsdauern von einkommensschwachen und *einkommensstarken Rentnern zu einer Umverteilung von unten nach oben im System der gesetzlichen Rentenversicherung.*

Geschichtliche Entwicklung

Vorhistorische Zeit bis 19. Jahrhundert

Die durchschnittliche menschliche Lebenserwartung in vorhistorischer Zeit lässt sich nur schwer erfassen. Bemerkenswert ist aber, dass die Körpergröße zu Anfang des Neolithikums stark abnahm. Dies lässt Rückschlüsse auf den Ernährungsstatus zu.

Es wird angenommen, dass paläolithische Jäger und Sammler bei der Geburt eine durchschnittliche Lebenserwartung von rund 30 Jahren hatten, während neolithische Ackerbauern und Viehzüchter nur 20 Jahre alt wurden. Bei diesen Werten spielt jedoch die Kindersterblichkeit eine enorme Rolle. Zieht man sie ab, liegt das Sterbealter erwachsener Wildbeuter zwischen 68 und 78 Jahren. Der amerikanische Anthropologe Marshall Sahlins geht davon aus, dass solch hohe Werte auch für die Wildbeuter früherer Zeiten gelten, und bezeichnete sie als „ursprüngliche Wohlstandsgesellschaften".

Nach der neolithischen Revolution erkrankten nachweislich wesentlich mehr Menschen als vorher – vor allem an Infektionen. Die meisten dürften durch häufigen engen Kontakt von Ackerbauern mit Vieh nach Einführung der Viehhaltung entstanden sein. Innerhalb größerer Populationen vermehren sich die Erreger und sterben nicht aus wie in kleinen Gruppen. Masern sollen so gesehen ihren Ursprung in der Rinderpest haben.
Die Einführung von Ackerbau und Viehhaltung bedeutete für die Menschen zunächst eine schlechtere Gesundheit, mithin eine geringere Lebenserwartung. Dem gegenüber steht eine deutlich höhere Geburtenrate, die Lebenserwartung nahm jedoch nur sehr langsam wieder zu und erreichte wohl erst im 18. Jahrhundert wieder höhere Werte als vor der neolithischen Revolution.

Vor 1800 erreichten nur elitäre kleine Gruppen wie etwa der englische Hochadel eine Lebenserwartung der Männer von mehr als 40 Jahren. In Asien lag der Wert knapp darunter. In Europa lag die Lebenserwartung um 1820 bei etwa 36 Jahren. Sie war am geringsten in Spanien und am höchsten in Schweden. In Japan lag sie bei 34 Jahren. Die durchschnittliche Lebenserwartung (zum Zeitpunkt der Geburt) betrug um 1800 weltweit höchstens 30 Jahre, nur selten 35 Jahre. Mehr als die Hälfte der Menschen erreichten nicht das Erwachsenen-

alter. Seit dem 19. Jahrhundert stieg die Lebenserwartung immer schneller an. Die Menschen wurden im 19. Jahrhundert schneller älter als materiell reicher. Jürgen Osterhammel bezeichnet diese Demokratisierung der Erwartung eines langen Lebens als „eine der wichtigsten Erfahrungen der neueren Geschichte". Ausnahmen hiervon waren das Subsahara-Afrika. Gründe für den explosionsartigen Anstieg der Lebenserwartung im 19. Jahrhundert werden in sanitären Fortschritten, in verbesserter Ernährung, in neuen Techniken der Gesundheitspolitik oder in Kombinationen dieser Faktoren gesehen. Keinesfalls verlief die Entwicklung der Lebenserwartung im 19. Jahrhundert stetig ansteigend. Vielmehr nahm sie zu Beginn der Industrialisierung in England zunächst ab. Das materielle Leben der arbeitenden Bevölkerung verbesserte sich zuerst nicht. Auch in Deutschland zeigte sich ab 1820 eine ähnliche Entwicklung in Form von Massenarmut auf dem Land und in den Städten. Die Ernährung konnte nicht mit den steigenden biologischen Energieansprüchen der Industriearbeit Schritt halten. Außerdem waren die wachsenden Städte Brutherde zunehmender Infektionskrankheiten.

Global lag die Lebenserwartung im 18. Jahrhundert bei etwa 29 Jahren. Seither hat sich die die Lebenserwartung in jeder Region der Erde mehr als verdoppelt.

Entwicklung seit dem 20. Jahrhundert bis heute

Durch die verschieden ausgeprägten groß- und kleinräumigen Entwicklungen ist die Lebenserwartung heute weltweit unterschiedlich ausgeprägt. Während in den Staaten Subsahara-Afrikas, die von der AIDS-Pandemie am stärksten betroffen sind, die Lebenserwartung oft unter 40 Jahre gefallen ist, beträgt sie in Island und Japan derzeit etwa 80 Jahre. In Mitteleuropa ist sie seit 1840 etwa um 40 Jahre gestiegen. Das Max-Planck-Institut für demografische Forschung spricht von drei Monaten, um die das Leben Jahr für Jahr länger geworden ist.

In Deutschland ist die Sterblichkeit seit 1871 im Mittel um 0,8 % jährlich zurückgegangen. In den Jahren von 1994 bis 2004 hat sich dieser Trend zur Erhöhung der Lebenserwartung verstärkt; in diesem Zeitraum sank die Sterblichkeit sogar um zwei Prozent jährlich. Nach einer Berechnung der Linksfraktion im deutschen Bundestag auf Basis von Zahlen der Deutschen Rentenversicherung soll die Lebenserwartung für Geringverdiener in Deutschland von 2001 bis 2010 von 77,5 auf 75,5 Jahre gesunken sein. Aus den Zahlen, auf die sich die Linksfraktion beruft, lässt sich die Sterblichkeit jedoch nicht berechnen.

Diese führen die durchschnittliche Rentenbezugsdauer ab dem 65. Lebensjahr für bestimmte in den jeweiligen Jahren Verstorbene auf. Nach den Berechnungen der Linksfraktion wäre auch von 2001 bis 2006 die Lebenserwartung für Geringverdiener gesunken, für diesen Zeitraum liegt eine wissenschaftliche Untersuchung des Max-Planck-Instituts für demografische Forschung vor, in der die Lebenserwartung nach den wissenschaftlich üblichen Methoden berechnet wird und die das Gegenteil belegt. Dagegen vergrößerten sich die Unterschiede in der Lebenserwartung zwischen verschiedenen Einkommensgruppen. Demnach ist von 2001 bis 2006 für alle Einkommensstufen die Lebenserwartung gestiegen. Für den Zeitraum nach 2006 liegen nach Stand (1. Januar 2012) noch keine gesicherten, wissenschaftlichen Erkenntnisse vor, es deutet nichts auf eine Abnahme der Lebenserwartung in irgendeiner Einkommensstufe hin.

Lebenserwartung anderer Lebewesen

Die Lebenserwartung kann auch für manche Tiere und Pflanzen ermittelt werden. Sie ist von vielen Faktoren abhängig, von der Spezies, von den Lebensbedingungen, von Krankheiten und Fressfeinden, und beispielsweise von der Temperatur, vom Sauerstoffumsatz und vom Grundumsatz.

Beispiele für besondere Kurzlebigkeit

Einige Arten von Bauchhärlingen leben nur etwa drei Tage und gehören damit zu den kurzlebigsten Vielzellern. Einzeller (zu denen die meisten Bakterien gehören) vermehren sich durch Zellteilung, was je nach Betrachtungsweise als extrem kurze Lebensdauer (im Bereich von Minuten oder Stunden) oder als praktisch unbegrenzte Lebensdauer angesehen werden kann.

Manche Insekten (beispielsweise Eintagsfliegen) können zwar insgesamt mehrere Jahre leben, aber als adulte Tiere verbringen sie oft nur Stunden, woraus sich ihr Name ableitet. Sie sind in diesem Stadium nicht einmal zur Nahrungsaufnahme befähigt und tragen keine funktionsfähigen Mundwerkzeuge.

Beispiele für besondere Langlebigkeit

Die Langlebigkeit von Elefanten, Schildkröten, Papageien und Kiefergewächsen ist allgemein belegt. Eishaie können über 400 Jahre alt werden. Es wurden Mammutbäume gefällt, für die anhand von Jahresringen (dendrologisch) ein Alter von über 3000 Jahren bestimmt *wurde. Von der Langlebigen Kiefer sind über 5000 Jahre alte Exemplare bekannt.*

Als langlebigster Organismus war der Glasschwamm Anoxycalyx joubini betrachtet worden, ein antarktischer Riesenschwamm, für den sich eine Lebenserwartung von 10.000 Jahren errechnen ließ. Für einen fossilen Glasschwamm Monorhaphis chuni im Ostchinesischen Meer wurde ein Alter von 11.000 ± 3.000 Jahren anhand von ‚Jahresringen' seiner Siliziumoxidnadeln geschätzt.

Bakterien können in Form von Sporen mehrere Jahrtausende überdauern. So wurden aus Salzlagerstätten Meeresbakterien in vermehrungsfähiger Form gewonnen. Aus den Sporen im Magen von in Bernstein fossilierten Bienen konnten sogar über 100 vermehrungsfähige Bakterienarten gewonnen und identifiziert werden, die 25 bis 40 Millionen Jahre überdauert hatten. Diese Art der Überdauerung als Sporen hat nichts mit Lebenserwartung zu tun, da Sporen wesentliche Eigenschaften von Leben fehlen (Stoffwechsel).

Durch Knospung auseinander hervorgehende Organismen (Bakterien, Süßwasserpolypen) scheinen prinzipiell unsterblich, jedoch lässt diese Betrachtungsweise völlig außer Acht, dass mit jedem Knospungsereignis ein Generationswechsel erfolgt, damit ein Neubeginn eines Individuums.

Die entdeckten Mikroorganismen.

2020 berichteten Meeresbiologen über die Entdeckung von 101,5 Mio. Jahre alten Mikroorganismen in einer Art Winterschlaf etwa 75 m unter dem Meeresboden. Diese Mikroben konnten 2018 im Labor wiedererweckt werden. Seit dem Jahr 2000 gilt ein geschätzt 250 Millionen Jahre altes Bakterium als ältestes Lebewesen auf der Erde. Der Mikroorganismus mit dem heutigen Namen „Bacillus permians" wurde in einem Labor der West Chester University in Pennsylvania von den Forschern um Russell H. Vreeland entdeckt. Das tatsächliche Alter von B. Permians ist aber fraglich.

Einfluss des Menschen

Tiere in Gefangenschaft, artgerecht gehalten und vor Fressfeinden, extremen Wetterverhältnissen und Nahrungsknappheit geschützt, erreichen oft ein sehr viel höheres Alter als in freier Wildbahn, Schlachttiere systembedingt ein wesentlich geringeres.

Ernährung

Die Menge der konsumierten Nahrung hat Einfluss auf die Lebensdauer. Bei einer Vielzahl von Tierarten konnte nachgewiesen werden, dass ein reduzierter Speiseplan, eine sogenannte Kalorienrestriktion, die Lebensspanne deutlich verlängern kann. In einer Studie konnten 115 Substanzen die Lebenserwartung von Fadenwürmern zwischen 30 % und 60 % verlängern. Eine der wirksamen Substanzen, die in der Struktur einem Antidepressivum ähnelt, wurde näher untersucht. Dabei stellte sich heraus, dass sie die Reaktion auf den körpereigenen Botenstoff Serotonin beeinflusst, der beim Menschen für das Hungergefühl zuständig ist. Nach der Nahrungsaufnahme wird das anabole Hormon Insulin ausgeschüttet, es wirkt stoffwechselanregend und fördert die Teilung mancher Zellen (etwa die Adipozyten). Bei karger Nahrung wird weniger Insulin ausgeschüttet, die Zellen leben länger.

Begriffsabgrenzung und Missverständnisse

Die unterschiedliche Verwendung des Begriffes Lebenserwartung führt häufig zu unklaren Formulierungen und Missverständnissen. Diese liegen insbesondere darin begründet, dass die Lebenserwartung meist ein Schätzwert ist, der sich mit der Zeit verändert.

Eine wichtige Ursache ist, dass bei der Betrachtung der Lebenserwartung häufig übersehen wird, dass diese mit zunehmendem Alter der noch lebenden Individuen desselben Geburtsjahrgangs für diese steigt. Beispiel: Ein Jahrgang hat bei der Geburt eine Lebenserwartung von 75 Jahren. Nach 60 Jahren ist jedoch ein Teil bereits verstorben, der in der ursprünglichen Erwartung enthalten war. Die noch lebende Gruppe der 60-Jährigen hat nun noch eine Lebenserwartung von über 25 Jahren, womit sie im Durchschnitt ein Lebensalter von 85 Jahren erreichen wird. Allerdings verändert sich die durchschnittliche Lebenserwartung damit überhaupt nicht. Ein 80-Jähriger hat mit derselben Berechnung eine restliche Lebenserwartung, die insgesamt bei über 90 Jahren liegen kann. Bei demografischen Vorhersagen, beispielsweise zur Berechnung von Renten, ist das von entscheidender Bedeutung.

Ein ähnlicher Trugschluss kann bei der Lebenserwartung bestimmter Berufsgruppen auftreten. So ist die Lebenserwartung von Bischöfen deutlich höher als die von Automechanikern. Das liegt in erster Linie nicht an der gesünderen Lebensweise, sondern daran, dass Bischöfe nicht mit 25 sterben können, da sie zu diesem Zeitpunkt noch nicht Bischof sind.

Auf gleiche Weise kann die Kindersterblichkeit die Lebenserwartung ab Geburt unverhältnismäßig verzerren. So wird für den Großteil des Mittelalters eine Gesamtlebenserwartung der Bevölkerung von 30 Jahren und weniger angenommen. Dabei ist zu beachten, dass die Lebenserwartung aufgrund von Seuchen, Kriegen und Katastrophen keineswegs konstant verlief. Die Lebenserwartung der Frauen lag bei 24 bis 25 Jahren, die der Männer bei 28 bis 32 Jahren. Betrachtet man jedoch die Lebenserwartung derer, die das erste Lebensjahr überlebt haben, steigt diese sprunghaft an. Wenn die Kindheit überlebt wurde, konnte man durchschnittlich über 40 Jahre alt werden. In den Industrieländern liegt die Sterblichkeit im ersten Lebensjahr heute unter ein Prozent.

Die im Vergleich zu Frauen niedrigere durchschnittliche Lebenserwartung der Männer wird auf gleiche Art durch die risikobehaftetere Lebensweise der jungen Männer während der Adoleszenz beeinflusst. So sterben viel mehr junge Männer als Frauen im Alter zwischen 16 und 25 Jahren durch Verkehrsunfälle und andere Risikofaktoren dieser Altersgruppe, was sich auf die statistische Gesamtlebenserwartung auswirkt. Männer bis 65 Jahre sterben 3,6 Mal so häufig an Herz-Kreislauf-Erkrankungen wie Frauen. Gerade in den mittleren Jahren, also bis etwa 65 Jahre, sterben nahezu doppelt so viele Männer wie Frauen.

Ein Sonderfall ist die beobachtete Lebensspanne bei den Sterbetafeln. Hier wird nur zurückschauend festgestellt, wann von einem Geburtsjahrgang jeweils wie viele Personen verstorben sind. Im Extremfall wüsste man so erst 120 Jahre nach 1980 (also im Beispiel 2100) die exakte Sterblichkeit für 100 % dieses einen Jahrgangs.

Häufig werden zudem Lebenserwartung, Durchschnittsalter und Höchstalter begrifflich nicht getrennt. Beispielsweise gilt der Kaukasus als Heimat besonders vieler alter, 100 Jahre und älter werdender Menschen. Die durchschnittliche Lebenserwartung in diesen Ländern liegt jedoch signifikant unter dem Niveau westlicher Industrieländer.

Ein mit der Lebenserwartung eng zusammenhängender Indikator ist die gesunde Lebenserwartung (auch: behinderungsfreie Lebenserwartung oder gesunde Lebensjahre). Damit wird die Zahl der Jahre, „die eine Person voraussichtlich in guter gesundheitlicher Verfassung leben wird" bezeichnet. In Deutschland wurde die „gesunde

Lebenserwartung bei Geburt" mit 68,5 Jahren für Frauen und 64,8 für Männer angegeben (bei großen einkommensabhängigen Unterschieden).

Auf die Tier- und Pflanzenwelt bezogen werden häufig Rekordalter mit Durchschnittsalter verwechselt: Elefanten können beispielsweise ein Alter von 70 Jahren und mehr erreichen, sterben aber in freier Wildbahn oft bedeutend früher. Hier wird das Rekordalter häufig irrtümlich mit der Lebenserwartung gleichgesetzt (dazu obige Tabelle).

Seite „Lebenserwartung". In: Wikipedia, Die freie Enzyklopädie. Bearbeitungsstand: 19. Februar 2021, 12:40 UTC. URL: https://de.wikipedia.org/w/index.php?title=Lebenserwartung&oldid=208995642 (Abgerufen: 2. März 2021, 11:36 UTC)

2.3.2 Kalender

*Ein **Kalender** ist eine Übersicht über die Tage, Wochen und Monate eines Jahres. Eine veraltete Bezeichnung ist Jahrweiser.*

Das Wort „Kalender" entstammt dem lateinischen Calendarium (Schuldbuch). Dies war ein Verzeichnis der Kalendae, der jeweils ersten, auszurufenden (calare „ausrufen") Tage der antiken Monate. An diesen wurden Darlehen ausgezahlt und Darlehensrückführungen sowie Zinsforderungen fällig.

Es gibt verschiedene Kalendersysteme, heute ist weltweit überwiegend der gregorianische Kalender in Gebrauch.

Kalender gibt es in verschiedenen – gedruckten, bebilderten, elektronischen – Formen

Die Regeln zur Aufstellung von Kalendern ergeben sich aus astronomischen Gegebenheiten (Mondphasen, Sonnenjahr) und entsprechenden Kalenderberechnungen. Die wissenschaftliche Kalenderkunde ist ein Teilgebiet der astronomischen Chronologie. Die vorwissenschaftliche Kunst, Kalender zu erstellen, nennt man Hemerologie.

Entstehung des Kalenderwesens

Paläolithikum

Die Kenntnis regelmäßig stattfindender Tierwanderungen war bereits für die frühen Jägerkulturen wichtig.

Ein Bewusstsein für jahreszeitlich und astronomisch sich wiederholende Ereignisse, für entsprechende Zyklen seiner Umwelt, dürfte der Mensch schon sehr früh gehabt haben. Dazu gehörte der Wechsel von Tag und Nacht sowie die Mondphasen. Jahreszeitlich bedingte Klimaschwankungen spielten in der Landwirtschaft der meisten Weltregionen eine bedeutende Rolle und konnten vom Menschen spätestens in der Altsteinzeit wahrgenommen werden. Eine Beobachtung der Veränderungen des Nachthimmels sowie der Eigenbewegungen der Planeten war zu dieser Zeit ebenfalls möglich.

Seßhaftwerdung und Jungsteinzeit

Schon der Turm von Jericho aus dem 9. Jahrtausend v. Chr. deutet auf die Kenntnis der Sommersonnenwende hin und jungsteinzeitliche Bauten wie etwa Stonehenge zeugen von den Bemühungen der sesshaft gewordenen Bevölkerung, die natürliche Jahreslänge und ausgewählte zyklisch wiederkehrende Himmelsereignisse wie Sonnenwende und Tag-und-Nacht-Gleiche exakt bestimmen zu können. Gerade für die Landwirtschaft war wichtig, eine von den konkreten Wetterbedingungen unabhängige Bestimmung der Zeitpunkte für Aussaat und Ernte vornehmen zu können. Mit der systematischen Himmelsbeobachtung verbunden waren religiöse Fruchtbarkeitskulte – getragen von der Hoffnung auf eine günstige Wiederkehr der Fruchtbarkeitsbedingungen. So wurden bestimmte landwirtschaftliche Termine an Feste gebunden, die wiederum an Himmelsereignisse geknüpft waren.

Für den Übergang von Jägerkulturen zum Ackerbau im Neolithikum (Jungsteinzeit) wird eine Veränderung kalendarischer Vorstellungen vom Mond- zum Sonnenkalender angenommen.

Dieser steinzeitliche Kalender, auch neolithischer Kalender (von Alexander Thom auch megalithischer Kalender genannt) beinhaltet wohl die ältesten kalendarischen Vorstellungen der Menschheit und ist die Grundlage späterer Kalendervarianten. Analog zum Begriff der Neolithischen Revolution (Übergang zum Ackerbau) wird auch von der Neolithischen Kalender-Revolution gesprochen.

Kupfer- und Bronzezeit

Die ältesten heute noch bekannten Kalender stammen aus den frühen Hochkulturen Ägyptens und Mesopotamiens. Hier zeigten sich schon zwei grundlegende Kalendertypen, die bis heute die meisten Kalendersysteme prägen: der an den Mondphasen orientierte Mond-

kalender und der astronomische Kalender, der den Lauf der Himmels-
körper widerspiegelt.

Spätestens von den Babyloniern wurde der siebentägige Wochenzyk-
lus entwickelt, der heute fast weltweit den Ablauf des Alltags regelt. In
anderen Kalendern gab es ähnliche Zyklen, zwischen fünf und zehn Ta-
gen.

Die Anpassung von Wochen und Monatsfolgen an die feste Größe des
astronomischen Jahres war nicht einfach zu lösen. Es kam zur Heraus-
bildung verschiedener Kalendersysteme.

Beobachtungskalender

Frühe Kalendersysteme wurden durch Beobachtung gewonnen (astro-
nomische Kalender). Mit dem Eintritt eines bestimmten definierten
Himmelsereignisses (z. B. des Neumonds oder der Tag-und-Nacht-
Gleiche im Frühling) begann ein neuer Zyklus. Sie mussten regelmäßig
nachgeregelt werden.

Diese Methode hatte einen entscheidenden Nachteil: In großen Herr-
schaftsräumen konnte ein Ereignis an unterschiedlichen Orten eventu-
ell zu unterschiedlichen Zeiten wahrgenommen werden, so dass auch
unterschiedliche Daten gezählt wurden. Wenn dagegen der Eintritt ei-
nes Ereignisses nur an einem bestimmten Ort (z. B. der Hauptstadt
oder dem Haupttempel) maßgeblich war, dann konnten weit entfernt
gelegene Gebiete oft erst nach Tagen davon unterrichtet werden. Sol-
che Probleme gab es beispielsweise im früheren jüdischen Kalender,
wo der Hohepriester über die erste Sichtung der Mondsichel bei Neu-
mond entschied. Durch die langen Informationswege konnte es passie-
ren, dass ein religiöses Fest in abgelegenen Gebieten am „falschen" Tag
gefeiert wurde. Auch war es kurz vor Monatsende nicht möglich vor-
herzusagen, welches Datum z. B. in sieben Tagen sein würde, weil der
Neumond nicht vorausberechnet, sondern durch tagesaktuelle Be-
obachtung ermittelt wurde.

Immer mehr Kulturen begannen deshalb, ihre Kalender zu berechnen.
Der letzte ernsthafte Versuch, einen Beobachtungs-Kalender zu etab-
lieren, wurde in der Französischen Revolution unternommen (Franzö-
sischer Revolutionskalender).

Kalenderberechnung

Die Berechnung von Kalendern (arithmetische Kalender) setzt um-
fangreiche astronomische und mathematische Kenntnisse voraus. Bei

der Entwicklung des frühen ägyptischen astralen Sothiskalenders waren diese Kenntnisse vorhanden. Die Einführung eines ägyptischen Verwaltungskalenders auf 365-Tage-Basis folgte spätestens im dritten Jahrtausend v. Chr. Dieser konnte jedoch das Durchwandern der Jahreszeiten nicht verhindern. Die ägyptischen Könige bemängelten die Jahreszeitenverschiebung, doch erst Ptolemaios III. unternahm 238 v. Chr. einen Versuch zur Einführung eines Schalttages. Nach seinem Tod wurde neben dem neuen Schalttageskalender jedoch wieder der alte ägyptische Verwaltungskalender benutzt. Der julianische Kalender, der 45 v. Chr. von Julius Cäsar eingeführt wurde, stützte sich gleichwohl auf die Kalenderform des Ptolemaios III.

Schalttage

Sowohl Mond- als auch Sonnenkalender müssen mit Schalttagen oder unterschiedlichen Monatslängen arbeiten, die nach einer festgelegten mathematischen Regel in den normalen Kalenderlauf eingefügt sind. Ein Sonnenkalender benötigt normalerweise einen zusätzlichen Tag circa alle vier Jahre (im gregorianischen Kalender ist dies der 29. Februar), um die durchschnittliche Tageszahl der Länge des Sonnenjahrs anzupassen. Ein Mondkalender muss die Monatslängen zwischen 29 und 30 Tagen variieren, denn die Zeit zwischen zwei gleichen Mondphasen dauert durchschnittlich circa 29,531 Tage.

Der Einschub eines zusätzlichen Tages, Monats oder Jahres in ein Kalendersystem wird als Embolismus (altgriechisch ἐμβάλλειν „einschalten") bezeichnet.

Kalendersysteme

Mondkalender

Lunar- oder Mondkalender orientieren sich an den Mondphasen. Das deutsche Wort Monat leitet sich etymologisch von Mond ab. Allerdings hat der Monat des gregorianischen Kalenders außer dem Namen nichts mehr mit dem Mondzyklus zu tun, da er mit einer durchschnittlichen Länge von 30,437 Tagen fast einen Tag länger dauert als der durchschnittliche synodische Monat.

Der Nachteil eines reinen Lunarkalenders besteht darin, dass er nicht mit dem Sonnenjahr korrespondieren kann, eine Eigenschaft, die in subtropischen und tropischen Breiten oft nicht die Bedeutung hat, die ihm in von den Jahreszeiten abhängigen Kulturen zukommt. So dauert im bekanntesten heute noch gebräuchlichen lunaren Kalender, dem islamischen Kalender, das Jahr mit 12 Monaten durchschnittlich 354,372 Tage. Die islamischen Monate „wandern" dadurch Jahr für Jahr zirka elf Tage im gregorianischen Kalender nach vorne. Auch das Osterdatum folgt einem lunaren Kalender (siehe: Computus (Osterrechnung))

Solarkalender

Die meisten Kulturen orientierten sich bei ihrer Zeitmessung an den durch die Sonne bestimmten Jahreszeiten (Solar- oder Sonnenkalender). Dementsprechend hat der Grundtyp des Solarkalenders die meisten Varianten hervorgebracht. Das Solarjahr orientiert sich am tropischen Jahr, dem auf den Frühlingspunkt bezogenen Umlauf der Erde um die Sonne. Dieses ist die Ausgangsbasis für den allgemeinen Jahresbegriff. Der heute weltweit verbreitete gregorianische Kalender ist ein solarer Kalender.

Lunisolarkalender

Der Lunisolarkalender stellt den Versuch dar, einen reinen Lunarkalender an das Sonnenjahr anzupassen. Da die Länge der Monate durch die Mondphasen festgelegt ist, können keine Schalttage wie beim Sonnenkalender eingefügt werden. Die Lösung liegt in der Einfügung von Schaltmonaten. Die Jahreslänge der Lunisolarkalender schwankt deshalb zwischen zirka 353 und zirka 385 Tagen. Bekannte Lunisolarkalender sind der jüdische, der traditionelle chinesische und der keltische Kalender.

Andere Systeme

Es sind nur wenige Kalendersysteme bekannt, die sich weder am Mond noch an der Sonne orientieren. Der astronomische ägyptische Kalender orientierte sich an dem sehr hellen Stern Sirius. Die Maya-Kalender basierten auf einer regelmäßigen Folge von 20 Tagen und einer 52 Jahre dauernden Kalenderrunde.

Seite „Kalender". In: Wikipedia, Die freie Enzyklopädie. Bearbeitungsstand: 28. November 2020, 10:18 UTC. URL: https://de.wikipedia.org/w/index.php?title=Kalender&oldid=206010578 (Abgerufen: 3. März 2021, 09:10 UTC)

2.3.3 Zeitmessung

Zeitmessung (Zeitbestimmung) ist die Angabe von Messgrößen der Zeit in eindeutigen Bezugseinheiten (Maßeinheiten). Sie erfordert oft die zunehmend scharfe Definition eines Zeitsystems und umfasst

- *die Bestimmung eines Zeitpunktes;*
- *In der Messtechnik die Ermittlung der Wahren Zeit;*
- *in der Astronomie und Geodäsie die Ermittlung der Sonnenzeit- bzw. Sternzeit eines Standortes*
- *Die Messung von Zeitintervallen auf einer Zeitskala,*
- *z. B. in der Physik und Kinematik für Bewegungen, Geschwindigkeiten usw.*
- *als Laufzeitmessung von Signalen (Navigation, Entfernungsmessung, GPS usw.)*
- *für die Dauer von Vorgängen im Alltag und in den Naturwissenschaften*
- *im Sport Messungen mit mechanischer Stoppuhr oder mit Lichtschranke, siehe Zeitnahme*
- *im allgemeinen Sinn die Chronologie.*

Eine Zeitmessung ist immer ein Vergleich von Bezugspunkten, da es keine direkte Möglichkeit gibt, Zeit anhand von äußeren Einflüssen zu messen, wie etwa die Stromstärke oder die Windgeschwindigkeit.

Man unterscheidet die digitale Zeitmessung (mit digitaler Anzeige) von der analogen Zeitmessung, bei welcher die Zeitanzeige durch Zeiger auf einem Zifferblatt erfolgt.

Erdrotation und Gestirne

Ein natürlicher Zeitgeber ist die Erdrotation mit ihrem regelmäßigen Wechsel von Tag und Nacht. Seit den Babyloniern wird der Tag in 24 Stunden unterteilt, was sich seither – ebenso wie die 7-Tage-Woche – auf allen Kontinenten durchgesetzt hat. Die Regelungen für Jahre und Monate unterscheiden sich hingegen in verschiedenen Kulturen.

Der bürgerliche Tag (Sonnentag) folgt aus der Erdrotation relativ zur Sonne, woraus sich die 365,24 Tage des Jahres ergeben. In Wirklichkeit rotiert die Erde aber 366,24-mal im Jahr. Ihr auf die Sterne bezogener Winkel heißt Sternzeit.

Die Sternzeit am Standort wird am besten durch Messung von Sterndurchgängen in der Nord-Süd verlaufenden Meridianebene bestimmt – etwa mit einem Meridiankreis oder einem Passageninstrument. Genähert ist dies auch mit einer drehbaren Sternkarte möglich. Die Differenz der Sternzeit zweier Orte entspricht ihrem geografischen Längenunterschied, wobei als geografische Länge der Unterschied der Ortssternzeit zu jener am Nullmeridian definiert wird. Seit dem 18. Jahrhundert gilt als Nullmeridian der Meridian von Greenwich (genauer: der Zentralmeridian des Royal Greenwich Observatory).

Um von der Sternzeit auf die Sonnenzeit zu kommen (oder umgekehrt), benötigt man das Datum und die geografische Länge. Doch sind noch kleine Korrekturen wegen der Unregelmäßigkeit der Erdrotation anzubringen (dUT1). Sie werden seit einigen Jahrzehnten durch einen globalen Verbund von Atomuhren und Messstationen überwacht.

Technische Zeitmessung

Allgemeiner formuliert umfasst die Zeitmessung die Methodik und die Messgeräte, mit deren Hilfe die absolute Zeit bestimmt, sowie die Dauer eines bestimmten Vorgangs gemessen wird. Zeitmesser bezeichnet man allgemein als Uhren. Einfachste Zeitmesser, wie sie schon vor Tausenden von Jahren benutzt wurden, sind beispielsweise Sonnenuhren. Genau gehende Uhren werden Chronometer genannt.

In Physik und Technik geht es oft „nur" um Messung von Zeit-Differenzen – etwa bei Messung kurzer Strecken, oder bei der Lasermessung zum Mond. Solche kurzen Zeitunterschiede werden mit sogenannten Intervallzählern ermittelt.

In Unternehmen wiederum kann die Zeitmessung neben technischen Aspekten auch der Feststellung der Arbeitszeiten dienen (siehe Stechuhr), aber auch der besseren Arbeitsvorbereitung (siehe Time-Organizer).

Geschichte

Die erste nachweisbare Uhr war – von Sonnenuhren abgesehen – eine Wasseruhr oder Klepsydra, wie sie um ca. 1380 v. Chr. in Ägypten verwendet wurde. Sie wurde später von den Griechen und Römern dazu benutzt, die Zeit bei Gericht festzuhalten. Als erste mechanische Uhr gilt ein um 1250 am Hofe Ludwig IX. in Paris entwickeltes Gerät. Vermutlich sind aber Schwingungsvorgänge wie das Pendel schon vor Jahrtausenden zur Zeitmessung benutzt worden. Ab dem 14.

Jahrhundert wurde die Sanduhr neben der mechanischen Räderuhr als einfaches nichtmechanisches Zeitmessgerät eingesetzt.

Für wissenschaftliche Zwecke und kurze Zeitabschnitte verwendeten Forscher des 16. (Gerolamo Cardano) und 17. Jahrhunderts (Libertus Fromundus, Galileo Galilei, Johannes Kepler) eher den eigenen Pulsschlag zur (abschätzenden) Zeitmessung als die noch ungenauen Räder- oder Sanduhren.

Genauere Messungen begannen mit Jost Bürgis Uhr von 1580 für die Sternwarte Kassel, die erstmals einen Sekundenzeiger hatte – und vor allem mit der Entwicklung präziser Pendeluhren. Die 1657 von Christian Huygens patentierte Hemmung (Unruh mit Spiralfeder) verbesserte den täglichen Uhrengang auf etwa 10 Sekunden. Das Nürnberger Ei war zwar klein und für den Alltag nützlich, aber etwa 100-mal ungenauer. Erste transportable Schiffsuhren entwickelte um 1720 John Harrison; sie erreichten durch Temperaturkompensation eine Sekunde pro Tag, wodurch englische Navigatoren erstmals die Gestirnshöhen genau stoppen und die geografische Länge der Schiffsposition bestimmen konnten.

Auf Sternwarten erreichten gegen 1800 die genauen Standuhren durch evakuierte Pendelkästen tägliche Ganggenauigkeiten von einigen Zehntelsekunden. Mit der Auge-Ohr-Methode konnte so die benötigten Sternörter auf Winkelsekunden genau bestimmt und präzise Zeitsysteme etabliert werden. Transportable Uhren dieser Präzision gab es hingegen erst 50 Jahre später.

1821 entwickelte Nicolas Rieussec die erste Uhr mit praktikabler Stoppfunktion, die allerdings noch die Größe einer Schuhschachtel hatte. Wie schon bei Jost Bürgi gab wieder das Hobby eines Adligen den Anstoß: die Pferderennen von König Ludwig XVIII. Mit dem Sekundenzeiger war ein Tintenschreiber gekoppelt, woraus das Wort „Chronograph" entstand: aus altgriechisch chronos (Zeit) und graphein (schreiben). Der Schritt zur sekundengenauen Taschenuhr gelang 1831 dem Österreicher Joseph Thaddäus Winnerl in Form der Stoppuhr „Chronoskop". Sie hatte zwar keine Zeitanzeige wie heutige „Chronografen", aber neben dem Stopp- sogar einen Schleppzeiger zur Messung von Rundenzeiten.

Um 1880 verbesserte das Riefler-Pendel die Zeitsysteme der Sternwarten noch weiter in den Bereich einiger 0,01 Sekunden und 1921 die Shortt-Uhr in die Millisekunden; gleichzeitig wurde mittels

Funktechnik (Zeitsignalsender) die weltweite Synchronisation von Präzisionsuhren ermöglicht. Später wurden für genaue Zeitvergleiche auch Fernsehsignale und die Borduhren von Navigationssatelliten eingesetzt. In den 1970er-Jahren erreichten temperaturstabilisierte Quarzuhren bereits die Mikrosekunde, und heutige Atomuhren haben eine Ganggenauigkeit von 10^-, was 1 Sekunde in 30 Millionen Jahren entspricht.

Horologie

Horologie (griech. ὥρα, „Stunde, Zeit"; und λόγος, logos, „Wort, Rede, Sinn, Lehre"), auch Zeitmesskunde, ist das Studium der Messung der Zeit.

Zeitdifferenzen und Zeitskalen

Letztlich läuft aber fast jede Zeitmessung auf Feststellen von Zeitdifferenzen hinaus. Bei einer Zeitskala (fortlaufende Zeit, wie oben beschrieben) wird die laufende Zeit meist durch Integration von elementaren Zeitschritten aufsummiert – beispielsweise

- *durch die relativ langsamen Schwingungen des Pendels bei der Penduhr und Übertragung auf Zahnräder und Anzeige*
- *durch die raschen Schwingungen der Unruh bei der mechanischen Uhr und Übertragung der Schwingungssumme auf die Zahnräder (siehe Anker)*
- *im piezoelektrischen Schwingkreis einer Quarzuhr*
- *durch die atomphysikalischen Effekte bei Masern und Atomuhren*

und sogar

- *bei der bürgerlichen Zeit und Kalenderrechnung durch Abzählen der Tage und ihrer Bruchteile.*

Seite „Zeitmessung". In: Wikipedia, Die freie Enzyklopädie. Bearbeitungsstand: 28. September 2020, 09:17 UTC. URL: https://de.wikipedia.org/w/index.php?title=Zeitmessung&oldid=204055154 (Abgerufen: 23. Dezember 2020, 13:48 UTC)

2.3.4 Uhr

Die **Uhr** ist ein Messgerät, das den aktuellen Zeitpunkt anzeigen kann oder eine Zeitspanne misst. In ihrer mehrere Jahrtausende umfassenden Entwicklungsgeschichte von der einfachen Elementaruhr bis zur hochpräzisen Atomuhr stand und steht sie in vielschichtiger Wechselwirkung zur kulturellen, technischen und gesellschaftlichen Entwicklung der Menschheit.

Die Uhr repräsentiert einen grundlegenden Parameter des menschlichen Zusammenlebens – die Zeit. In der Symbolik und der Kunst steht sie für den immerwährenden Fluss der Zeit; als Vanitas-Motiv für Vergänglichkeit und die eigene Sterblichkeit. Sie erscheint in Darstellungen aber auch als Hinweis auf Reichtum oder als Attribut der Mäßigung.

Heute ist die Uhr zum unverzichtbaren Begleiter in den unterschiedlichsten Bereichen des Alltags geworden. Die Armbanduhr begleitet ihren Träger als ständig verfügbare Zeitanzeige. Die elektronische Uhr findet sich in vielen Alltagsgegenständen, vom Haushaltsgerät über den Fernseher und Funkwecker bis zum Computer und zum Mobiltelefon.

Für Wissenschaft und Raumfahrt wurden hochpräzise Zeitsysteme (Weltzeit, Atomzeit) etabliert, die durch Zeitzeichensender und Satellitenfunk überall zur Verfügung stehen. In der Astronomie werden Zeiten bis in die Millionstelsekunde gemessen, während die Atomuhren der GPS-Satelliten heute besser als Nanosekunden arbeiten und die Laufzeitmessung elektromagnetischer Wellen sogar Genauigkeiten von 10^- erreicht.

Zwar haben Elementar- und Räderuhren ihre zentrale Bedeutung zur Zeitmessung verloren, erfreuen sich aber immer noch großer Beliebtheit bei Enthusiasten und Sammlern von antiken Stücken.

Meilensteine und wichtige Entdeckungen

Um 1300: erste Nachweise der Räderuhr mit mechanischer Hemmung

um 1425: Erfindung der „modernen" Sonnenuhr mit Polstab parallel zur Erdachse

um 1430: Erfindung des Federantriebs für Federzuguhren

1510: „Taschenuhr" von Peter Henlein (Nürnberger Ei)

1583: Entdeckung des Isochronismus durch Galilei

1656: nochmalige Entdeckung des Isochronismus durch Christiaan Huygens, Anwendung in der Pendeluhr

1667: Anfänge der Uhrmacherei im Schwarzwald

1674: Erfindung der Unruh durch Jean de Hautefeuille und Christiaan Huygens

1676: William Clement führt den Hakengang ein

Um 1680: Erfindung der Repetition für Taschenuhren durch Daniel Quare oder Edward Barlow

1700: erste Verwendung von Rubinen als Lagersteine

1715: Erfindung des ruhenden Ankergangs durch George Graham

1726: Erfindung des Rostpendels durch Harrison

1726: Erfindung des Quecksilberkompensationspendels durch Graham

1730: erste Kuckucksuhr durch Anton Ketterer

1741: Erfindung der Stiftenhemmung durch Louis Amant

1750: Erfindung des freien Ankergangs durch Thomas Mudge

1756: erste Taschenuhren mit automatischem Aufzug in der Schweiz

1759: Lösung des Längenproblems durch John Harrison

1775: Erfindung des automatischen Aufzugs für Taschenuhren durch Abraham-Louis Perrelet oder Hubert Sarton

1790: Erfindung der Parachute-Stoßsicherung der Unruhwelle durch Abraham Louis Breguet

1795: Erfindung der aufgebogenen Endkurve der Flachspirale ("Breguet-Spirale")

Um 1800: Erfindung des Tourbillons durch Abraham Louis Breguet

1810/1812: erste Armbanduhr der Welt (von Abraham Louis Breguet)

1842: erste Taschenuhr mit Kronenaufzug (Remontoiruhr) durch Adrien Philippe

1884: Einführung der Greenwich Mean Time (GMT) als erste allgemein gültige Weltzeit

1889: Präzisionszeitmesser von Sigmund Riefler

1896: Entdeckung des Elinvars durch Charles Édouard Guillaume

1907: erster funktelegrafischer Zeitzeichensender nimmt in Camperdown, Halifax den Betrieb auf

1914: erste Ideen zur automatischen Armbanduhr von John Harwood

1927: Quarzuhr von Warren Alwin Marrison

1928: Ablösung der Weltzeit von GMT auf Universal Time (UT)

1949: Erfindung der Atomuhr

1958: Einführung der Internationalen Atomzeit TAI

1967: Erfindung der Funkuhr Wolfgang Hilberg (Telefunken – Patent)

1972: Ablösung der Weltzeit von UT auf Koordinierte Weltzeit (UTC)

1976: Erfindung der schmierungsfreien Co-Axial-Hemmung durch George Daniels

1980: Einführung der GPS-Zeitskala

1985: David L. Mills veröffentlicht das Network Time Protocol (NTP)

1985: Erfindung des ewigen Kalenders mit Jahreszahl für mechanische Armbanduhren durch Kurt Klaus

1995: Die jährliche Weltproduktion an Uhren überschreitet die Milliardengrenze

2002: Das IEEE veröffentlicht das Precision Time Protocol (PTP).

Seite „Uhr". In: Wikipedia, Die freie Enzyklopädie. Bearbeitungsstand: 12. Januar 2021, 12:55 UTC. URL: https://de.wikipedia.org/w/index.php?title=Uhr&oldid=207551851 (Abgerufen: 3. März 2021, 09:14 UTC)

2.3.5 Geschichte der Zeitmessgeräte

Die **Geschichte der Zeitmessgeräte** umfasst die Entwicklung von technischen Geräten zur Messung der Zeit von der Frühgeschichte bis zur Gegenwart. Sie lässt sich bis zu den Sumerern und Ägyptern zurückverfolgen, die um 3000 v. Chr. Sonnenuhren auf Basis einfacher Schattenstäbe kannten. Der Schattenstab ist seit 2400 v. Chr. auch aus China bekannt. Die Griechen nannten ihn später „Gnomon".

Um 2000 v. Chr. wurde von den Babyloniern das Sexagesimalsystem mit der Basiszahl 60 verwendet, woraus sich später das Zwölfersystem (Duodezimalsystem) für die Stundeneinteilung entwickelte. Die alten Ägypter unterteilten den Tag in zwei Zwölf-Stunden-Zeiträume und verwendeten große Obelisken, auf denen die Bewegung der Sonne verfolgt werden konnte. Wasseruhren gehörten zu den ersten Zeitmessern, die nicht auf Beobachtungen der Himmelskörper basierten. Eine der ältesten wurde im Grab des ägyptischen Pharaos Amenhotep I., um 1500 v. Chr. gefunden. Etwa 325 v. Chr. kam die Wasseruhr zu den Griechen, die sie als Klepsydra („Wasserdiebin") bezeichneten. Andere alte Zeitmessgeräte sind die Kerzenuhren, die in China, Japan, England und im Irak eingesetzt wurden. In Indien und im Tibet waren die sogenannten Timesticks (Räucherstäbchenuhr) weit verbreitet sowie die Sanduhren in einigen Teilen Europas.

Die ältesten Uhren verwendeten den Schatten der Sonne – versagten also bei trübem Wetter oder bei Nacht – und zeigten die Zeit nur sehr ungenau an. Genauere Sonnenuhren erforderten eine Berücksichtigung der Jahreszeiten, was beim Gnomon schwierig war und später zur Ausrichtung des Schattenzeigers nach der Himmelsachse führte. Die erste Uhr mit einem Hemmungsmechanismus, der die Rotationsenergie in Schwingungen umsetzte, entwickelte ein Grieche im 3. vorchristlichen Jahrhundert. Im 11. Jahrhundert erfanden arabische Ingenieure Uhren, deren Zahnräder und Gewichte mit Wasser angetrieben wurden.

Mechanische Uhren mit einer Spindelhemmung entstanden um 1300 in Europa und wurden das Standard-Zeitmessgerät, bis im 16. Jahrhundert federgetriebene und Taschenuhren folgten sowie um 1650 die Pendeluhr. Im 20. Jahrhundert wurden Quarzuhren erfunden, gefolgt von Atomuhren. Obwohl die ersten Quarz-Oszillatoren wegen ihrer Genauigkeit für Labors entwickelt wurden, konnte man sie bald einfach produzieren und in Armbanduhren einbauen. Atomuhren sind *die weitaus genauesten der bisherigen Zeitmessgeräte. Um andere Uhren zu kalibrieren und eine Standardzeit der Erde zu definieren, wurde schließlich 1968 das System der „Coordinated Universal Time" auf atomarer Basis eingeführt.*

Frühe Zeitmessgeräte

Viele alte Zivilisationen beobachteten die Himmelskörper, besonders die Sonne und den Mond, um Uhrzeiten, Daten und die Jahreszeiten zu bestimmen. Methoden der sexagesimalen Zeitmessung, heute häufig in der westlichen Gesellschaft angewendet, entstanden zum ersten Mal vor fast 4000 Jahren in Mesopotamien und Ägypten, ein ähnliches System wurde später in Mittelamerika entwickelt. Die ersten Kalender wurden möglicherweise von Jägern und Sammlern während der letzten Eiszeit angelegt. Sie hatten Stöcke und Knochen, die den Phasenlängen des Mondes oder der Jahreszeiten entsprachen, eingesetzt. Steinkreise, wie Stonehenge in England, wurden vor allem im prähistorischen Europa und in verschiedenen Teilen der Welt gebaut. Man vermutet, dass sie zur Vorhersage der saisonalen und jährlichen Veranstaltungen wie Tagundnachtgleiche oder Sonnenwende benutzt wurden. Da diese Megalithkulturen keine Aufzeichnungen zurückließen, ist nur wenig von ihren Kalendern oder Zeitmessungsmethoden bekannt.

3500 v. Chr. bis 500 v. Chr.

Sonnenuhren

haben ihren Ursprung in den Schattenuhren, sie waren die ersten Geräte, die für die Messung der Teile eines Tages verwendet wurden. Die älteste Schattenuhr stammt aus Ägypten und wurde aus grünem Schiefer hergestellt. Ägyptische Obelisken wurden um 3500 v. Chr. errichtet, sie zählen ebenfalls zu den ersten Schattenuhren.

Obelisk

Ägyptische Schattenuhren waren tagsüber in zehn Teile, mit zusätzlichen vier „Dämmerungsstunden" – zwei morgens und zwei abends – versehen. Eine Art von Schattenuhr bestand aus einem langen Stiel mit fünf variablen Marken und einer erhöhten Latte, die einen Schatten auf diese Marken warf. Sie wurde am Morgen nach Osten positioniert und am Mittag nach Westen. Obelisken funktionierten auf die gleiche Weise, die Schatten auf die Marker ermöglichten den Ägyptern, die Zeit zu berechnen. Des Weiteren ermöglichte der Obelisk die Feststellung der Sommer- und der Wintersonnenwende. Die Ägypter entdeckten darüber hinaus den Meridian, da sie merkten, dass der Schatten eines Obelisken, wenn er am kürzesten ist, unabhängig von der Jahreszeit immer in die gleiche Richtung fällt. Etwa 1500 v. Chr. wurde eine Schattenuhr in der Form ähnlich wie ein gebogener T-Stab entwickelt. Der T-Stab war am Morgen nach Osten orientiert und drehte sich zu Mittag um, so dass sein Schatten in die entgegengesetzte Richtung geworfen wurde. Die Ägypter entwickelten eine Reihe von alternativen Zeitmessungsgeräten, darunter Wasseruhren und ein System zur Verfolgung der Sternbewegungen. Die älteste Beschreibung einer Wasseruhr stammt aus dem 16. Jahrhundert v. Chr. und wurde in dem Grab des ägyptischen Hofbeamten Amenemhet gefunden. Es gab mehrere Arten von Wasseruhren, das Spektrum reichte von simpel bis aufwendig. Eine Art von Wasseruhr war die sogenannte Einlaufuhr, sie bestand aus einer Schale, die kleine Löcher im Boden hatte. Die Schale schwamm auf dem Wasser und die Löcher ermöglichten es, dass die Schale sich mit einer nahezu konstanten Rate füllte. An der Innenseite der Schale waren Markierungen angebracht, die durch den steigenden Wasserpegel die verstrichene Zeit angaben. Bei den Auslaufuhren zeigte ein sinkender Wasserpegel das „Verrinnen" der Zeit an. Die älteste Wasseruhr wurde im Grab des Pharao Amenophis I. gefunden, was darauf hindeutet, dass sie zuerst im alten Ägypten verwendet wurden. Darüber hinaus bewiesen die Chaldäer bereits im 1. Jahrtausend v. Chr., dass Wasseruhren multifunktional waren – sie entwickelten ein geschlossenes Maßsystem in Form eines wassergefüllten Würfels, der Zeit-, Gewichts- und Längenmessung in sich vereinigte. Eine andere ägyptische Methode zur Zeitbestimmung in der Nacht wurde mit Lot-Linien (Merkhet) durchgeführt. Diese Methode ist seit mindestens 600 v. Chr. im Einsatz. Zwei Merkhets, die auf den Polarstern ausgerichtet waren, wurden benutzt, um eine Nord-Süd-Linie (oder Meridian) zu bilden. So konnte durch die Beobachtung bestimmter Sterne die genaue Nachtstunde bei Überschreitung des Meridians gemessen werden.

500 v. Chr. bis 1 v. Chr.

Etwa 425 v. Chr. kam die Wasseruhr zu den Griechen, die sie als Klepsydra („Wasserdiebin") bezeichneten. Nach ihrer Einführung erfand Platon einen auf Wasser basierenden Wecker. Platons Wasserwecker war abhängig von dem nächtlichen Überlauf eines mit Bleikugeln gefüllten Gefäßes, das an einer Säule schwebte und ständig mit Wasser von einer Zisterne versorgt wurde. Dadurch stieg das Gefäß an der Säule hoch, bis es morgens am Ende der Säule anschlug und umkippte, so dass die Bleikugeln auf eine Kupferplatte prasselten. Von diesem Klang der Bleikugeln wurden Platons Studenten an der Akademie geweckt. Eine andere Version des Wasserweckers basiert auf zwei Krügen, die neben einem Siphon angeschlossen wurden. Ein Krug wurde mit Wasser gefüllt, bis er überlief und das Wasser durch den Siphon in den anderen leeren Krug lief. Durch das steigende Wasser wurde die Luft mit Kraft aus dem leeren Gefäß gedrückt, was einen lauten Pfiff erzeugte. Die Griechen und Chaldäer pflegten regelmäßig als wesentlichen Bestandteil ihrer astronomischen Beobachtungen die Datensätze ihrer Zeitmessung. Der griechische Astronom Andronikos aus Kyrrhos erbaute 50 v. Chr. in Athen den „Turm der Winde", mit einer Wasseruhr im Innern des Turmes und mehreren Sonnenuhren an den Außenwänden.

In der griechischen Tradition wurden bereits zu Lebzeiten Sokrates' Wasseruhren (Klepsydren) zur Begrenzung der Redezeit vor Gericht eingesetzt, diese Praxis haben die Römer später übernommen. In den historischen Aufzeichnungen und in der Literatur dieser Zeit gibt es mehrere Hinweise darüber. Zum Beispiel im Theaitetos sagt Platon, dass „die Männer auf der anderen Seite immer in Eile sprechen, weil das fließende Wasser sie dazu auffordert". Eine weitere Erwähnung erfolgt in Lucius Apuleius' „Goldenem Esel": „Die Sekretärin des Gerichtes rief den geladenen Kronzeugen der Anklage auf. Hierauf trat ein alter Mann, den ich nicht kannte, vor. Er war eingeladen, so lange zu sprechen, wie Wasser in der hohlen Kugel war. Das Wasser wurde durch einen Trichter in den Hals der hohlen Kugel gegossen und floss durch die feine Perforation am Boden der Kugel wieder heraus." Die Uhr in Apuleius' Rechnung war nur eine von mehreren Arten der verwendeten Wasseruhren.

Klepsydren waren nützlicher als Sonnenuhren, da sie im Haus, während der Nacht und wenn der Himmel bewölkt war verwendet werden konnten. Da sie nicht so genau wie Sonnenuhren waren, suchten die Griechen nach einem Weg, ihre Wasseruhren zu verbessern. Etwa 325 v. Chr. wurde die griechische Wasseruhr angepasst, sie bekam ein Gesicht, auf der exakt eine Stunde abgelesen werden konnte. Damit wurde das Lesen der Wasseruhr präziser und komfortabler gestaltet. Eines der häufigsten Probleme in den meisten Arten von Klepsydren wurde durch den Wasserdruck verursacht. Bei vollem Behälter floss das Wasser, bedingt durch den höheren Druck, schneller aus. Dadurch hatte das Wasser je nach Stand eine unterschiedliche

Fließgeschwindigkeit. Dieses Problem wurde von den griechischen und römischen Uhrmachern ab 100 v. Chr. behandelt. Um dem erhöhten Wasserdruck entgegenzutreten, erhielten die Wasseruhren eine konische Form. Der dünne Abfluss ermöglichte ein gleichbleibendes Abtropfen des Wassers, unabhängig von der jeweiligen Wasserfläche in der Uhr. In den folgenden Jahrhunderten wurden weitere Verbesserungen an der Wasseruhr durchgeführt. Die Uhren wurden in ihrer Bauform eleganter und mit Gongs versehen, um die vollen Stunden geräuschvoll mitzuteilen. Andere Wasseruhren wurden mit Miniaturfiguren bestückt, oder bewegliche Mechanismen öffneten alle volle Stunden eine Tür oder betätigten eine Glocke. Es gab noch ungelöste Probleme, wie etwa die Wirkung der Temperatur. Kaltes Wasser hat eine größere Dichte als warmes Wasser, wodurch eine unterschiedliche Fließgeschwindigkeit entsteht. Des Weiteren konnte die Wasseruhr bei Frost nicht benutzt werden.

Obwohl die Griechen und Römer in der Wasseruhrtechnologie weit voraus waren, wurden noch weiterhin die Schattenuhren verwendet. Der Mathematiker und Astronom Theodosius von Bithynien soll eine universelle Sonnenuhr erfunden haben, die überall auf der Erde die korrekte Zeit wiedergab. Andere Zeitgenossen schrieben über die Sonnenuhr in der Mathematik und in der Literatur der damaligen Zeit. Der römische Baumeister und Chronist Marcus Vitruvius Pollio beschrieb in seinem Standardwerk De Architectura die Mathematik des Gnomones (Schattenzeiger) und beschrieb bereits 13 verschiedene Arten von Sonnenuhren. Die Römer glänzten in Bezug auf die Zeitmessung weniger durch Innovationen als vielmehr durch Eroberung und schriftliche Fixierung. Dies ist insofern überraschend, als ihre präzise Sprache und Rechtsprechung den Schluss nahelegt, dass exakte Zeitmessung und - einteilung vor allem aufgrund der Größe des Römischen Reiches unabdingbar gewesen wären. Aufgrund der deutlich längeren Schichten als im Süden des Reiches beschwerten sich die in Britannien stationierten römischen Legionäre bei ihren Heerführern. Im Jahr 55 v. Chr. bemerkte Julius Cäsar bei einem persönlichen Aufenthalt in Britannien, dass britische Sommernächte kürzer sind als italische. Die vermutlich älteste römische Sonnenuhr, die im 3. Jahrhundert v. Chr. vor dem Tempel des Quirinus aufgebaut wurde, war laut Überlieferungen ein Beutestück aus dem Ersten Punischen Krieg. Aufgrund des Standortwechsels im Jahr 262 v. Chr. zeigte sie 100 Jahre lang die falsche Zeit an, bis dies bemerkt wurde und die Markierungen und Winkel für den Längengrad von Rom angepasst wurden.

1 n. Chr. bis 1500 n. Chr.

Wasseruhren

Joseph Needham spekuliert, dass die Einführung der Auslauf-Wasseruhr in China bis auf das 2. Jahrtausend v. Chr., während der Shang-Dynastie, und spätestens bis zum 1. Jahrtausend vor Christus zurückgeht. Mit dem Beginn der Han-Dynastie im Jahr 202 v. Chr. wurde die Auslauf-Wasseruhr nach und nach durch die Einlauf-Wasseruhr abgelöst. Die Einlauf-Wasseruhr hatte einen Indikatorstab, auf dem ein Schwimmergewicht aufgesetzt war. Um die fallende Druckhöhe im Behälter zu kompensieren, hatte Zhang Heng einen Zusatztank zwischen dem Reservoir und dem Zufluss eingebaut. Dadurch wurde die Fließgeschwindigkeit des Wassers der Zeitmessung angepasst. Um 550 n. Chr. beschrieb Yin Gui die erste in China betriebene Wasseruhr mit einem konstanten Flüssigkeitsspiegel. Die Details dieser Wasseruhr wurden später von dem Erfinder Shen Kuo beschrieben. Im Jahr 610 n. Chr. wurde während der Sui-Dynastie durch zwei Erfinder, Geng Xun und Yuwen Kai, die Gleichgewicht-Wasseruhr erfunden. Durch die Verschiebung des Schwimmergewichtes auf dem Schwimmerarm wurde der Druck auf die Wasseroberfläche im Ausgleichsbehälter verändert. Markierungen von Standardpositionen auf dem Schwimmerarm ermöglichten, bedingt durch die Fließgeschwindigkeit des Wassers, die verschiedene Länge von Tag und Nacht zu regulieren. Damit konnte diese Gleichgewicht-Wasseruhr zu allen Jahreszeiten benutzt werden.

Wasseruhr mit Schwimmer, Gegengewicht und Zifferblatt zur Zeitanzeige

Zwischen 270 v. Chr. und 500 n. Chr. waren griechische und römische Uhrmacher sowie Astronomen mit der Entwicklung von aufwendigen mechanisierten Wasseruhren beschäftigt. Dies wurde durch die Erfindungen von Euklid, welcher die Theoreme der Geometrie begründete, und Archimedes, der die Gesetze des Hebels und des Flaschenzuges, des Zahnrades und der endlosen Schraube sowie die fundamentalen Gesetze der Hydraulik lehrte, erst möglich. Ein Schüler von Archimedes, ein Barbier mit Namen Ktesibios, welcher die Gesetze der Hydraulik und Mechanik auf die Wasseruhren anwendete, baute eine Wasseruhr mit Zifferblatt und Zeiger. Zusätzlich wurde die Regulierung der Wasserströmung angepasst, wodurch die Genauigkeit der Wasseruhren wesentlich verbessert wurde. Es wurden verschiedene Wasseruhren gebaut. Beispielsweise gab es Wasseruhren mit Glockengeläut und Gongschlag, während andere Fenster und Türen öffneten, hinter denen

Figuren zum Vorschein kamen. Wieder andere zeigten astrologische Modelle des Universums. Die Klosterwasseruhr funktioniert ähnlich der Sanduhr: aus einer oberen Kugel läuft Wasser durch ein Röhrchen in eine untere Kugel und wird nach einer geeichten Einheit umgedreht. Die Wasserpendeluhr macht sich die Eigenschaften des Pendels zunutze. Die Kompensationswasseruhr des Griechen Pyrlas funktionierte im Zusammenspiel mit Quecksilber und glich Temperaturschwankungen aus. Schließlich ist noch die Walgeuhr zu erwähnen, welche aus einem Gestell besteht, in dem sich eine Trommel, je nach Wasserstand im Behälter, auf und ab bewegen kann. Durch das Zentrum der Trommel geht ein Achsenstab, der sich über eine Zeitskala bewegt, so dass die Zeit abgelesen werden kann.

Elefanten-Uhr von Al-Jazari

Einige der aufwendigsten Wasseruhren wurden von muslimischen Ingenieuren entwickelt. Insbesondere sind das die Wasseruhren von Al-Jazari, die im Jahr 1206 gebaut wurden, oder die sogenannte Elefanten-Uhr. Diese Wasseruhr verzeichnete die Stelle der zeitlichen Stunden, was bedeutete, dass die Fließgeschwindigkeit des Wassers verändert werden konnte. Dadurch konnte sie täglich auf die ungleiche Länge der Tage das ganze Jahr über eingestellt werden. Um dies zu erreichen, hatte die Uhr zwei Tanks, der obere Tank gab die Zeit an. Dieser war mit Mechanismen über einen Fließgeschwindigkeitsregler und dem unteren Tank verbunden. Bei Tagesanbruch wurde der obere Tank geöffnet und das Wasser floss über einen Schwimmer in den unteren Tank, so dass ein konstanter Druck im empfangenden Behälter beibehalten wurde.

Wasseruhren mit Zahnrädern und Hemmung

Das früheste Beispiel einer durch Flüssigkeit angetriebenen Hemmung wurde von dem griechischen Ingenieur Philon von Byzanz (3. Jahrhundert v. Chr.) in seiner technischen Abhandlung Pneumatik (Kapitel 31) beschrieben. Eine weitere frühe Uhr mit Hemmung wurde durch den tantrischen Mönch und Mathematiker Xing Yi und Regierungsbeamten Liang Lingzan in Chang'an gebaut. Es war ein astronomisches Instrument, das auch als Uhr diente. Diese Wasseruhr wurde als Abbild einer Himmelskugel geschaffen und zeigte den Äquator sowie die Mondbahnen in ihrer Reihenfolge. Das Wasser floss in Kugeln und drehte automatisch ein Rad. Eine volle Umdrehung des Rades entsprach einem Tag und einer Nacht. Außerhalb um die Himmelskugel herum waren zwei Ringe befestigt. Auf diesen Ringen war das Modell der Sonne auf den einen und ein Modell des Mondes auf dem anderen montiert. Diese Ringe umkreisen die Himmelskugel als sogenannte Umlaufbahn dieser beiden Planeten. Die Himmelskugel wurde zur Hälfte in einem Holzgehäuse versenkt, deren Oberfläche den Horizont darstellte. Dieses astronomisches Instrument erlaubte die genaue Bestimmung der Zeit, der Sonnenaufgänge und -untergänge sowie des Voll- und Neumondes. Darüber hinaus gab es zwei Holzbuchsen, die auf der Horizontoberfläche angebracht waren. Die erste Holzbuchse schlug an eine Glocke und zeigte durch den Glockenschlag die vollen Stunden an, die zweite schlug an einer Trommel, wodurch ein neues Quartal angekündigt wurde. Alle Aufgaben wurden durch Räder und Wellen, Haken, Stifte und Verriegelungsstäbe sowie Bremseinrichtungen innerhalb des Gehäuses bewältigt.

Eine Nutzung der Wasseruhr von Xing Yi wurde durch die Temperaturschwankungen des Wassers beeinträchtigt. Dieses Problem wurde im Jahre 976 n. Chr. von Zhang Sixun gelöst, in dem er das Wasser durch Quecksilber ersetzte, da Quecksilber bis zu minus 39 °C flüssig bleibt. Zhang Sixun implementierte diese Änderung in eine etwa zehn Meter großen Turmuhr, die mit einer Hemmung versehen war und alle Viertelstunden ein Glockensignal ertönen ließ. Auch der chinesische Mathematiker und Ingenieur Han Kung-Lien baute im Jahr 1088 n. Chr. eine Wasseruhr mit Hemmung. In einem Holzgestell war ein Rad mit Schöpfkammern eingebaut. Alle 24 Sekunden wurde eine Schöpfkammer mit Wasser gefüllt. Durch das Gewicht des gefüllten Wasserschöpfers wurde ein Auslöser heruntergedrückt. Dieser zog an einer Kette, die die Hemmung löste und das Rad um eine Kerbe vorrücken ließ, bevor die Sperre wieder einrastete. Eine in der Pekinger Nationalbibliothek aufbewahrte chinesische Handschrift aus dem Jahre 1090 n. Chr. berichtet von einer Wasseruhr, die Su Song für die Palastgärten in Kai-Feng erbaute. Die „Himmelsmaschine", die im Jahr 1088 n. Chr. entstand, war insgesamt zehn Meter hoch. Die Verkleidung des zylinderförmigen Baus wies fünf Öffnungen auf, in denen Täfelchen sowie Figuren mit Zimbeln und Gongs die Zeit anzeigten. Ein Rad von etwa vier Meter Durchmesser wurde von einem gleichmäßig fließenden Wasserstrahl so angetrieben, dass am Radumfang befestigte Behälter gefüllt wurden. Hatte ein Behälter ein bestimmtes Gewicht erreicht, so wurde durch eine Vorrichtung eine Hemmung so lange gelöst, bis der nächste Becher sich unter dem Wasserstrahl befand; danach wurde das Rad wieder arretiert. Dieser Reguliermechanismus nahm bereits die mechanischen Hemmungen vorweg, wie sie später in den

Räderuhren verwirklicht wurden. Ein Hebelmechanismus bewegte die Figuren und Tafeln, welche die Zeit anzeigten. Diese Wasseruhr hatte den ersten bekannten endlos kraftübertragenden Kettenantrieb in der Uhrmacherei. Diese Uhr stand ursprünglich in der Hauptstadt von Kai-Feng. Dort wurde sie von der Jin-Armee demontiert und in die Hauptstadt Yanjing (heute Peking) gebracht, wo sie nicht wieder zusammengesetzt werden konnte. Darum wurde Su Songs Sohn So Xie bestellt, um ein Replikat herzustellen.

Turmuhr aus Su Songs Buch

Die Glockentürme von Zhang Sixun und Su Song, im 10. und 11. Jahrhundert gebaut, waren die ersten Uhren mit einem Schlagmechanismus. Mittels Buchsen schlug diese Uhr alle Stunde. Die erste Schlaguhr außerhalb Chinas war im Glockenturm in der Nähe der Umayyaden-Moschee in Damaskus. Sie wurde von dem arabischen Ingenieur al-Kaysarani im Jahre 1154 gebaut und kündete die volle Stunde mit einem Glockenschlag.

Die erste mit einem Getriebe versehene Uhr wurde im 11. Jahrhundert von dem arabischen Ingenieur Ibn Khalaf al-Muradi im islamischen Iberia erfunden. Es war eine Wasseruhr, die mit Bereichs- und Planetengetriebe arbeitete. Andere monumentale Wasseruhren mit komplexen Getriebezügen und Bereichen von Automaten wurden von muslimischen Ingenieuren gebaut. Wie die Griechen und Chinesen so bauten auch arabische Ingenieure Wasseruhren mit einer durch Flüssigkeit angetriebenen Hemmung. Schwere Schwimmer wurden als Gewichte verwendet. Das konstante Kopfsystem der Uhr wurde mit einem Hemmungsmechanismus eingesetzt. Diese hydraulische Steuerung wird noch heute verwendet, um schwere Lasten langsam und stetig zu heben.

Die Wasseruhr galt über Jahrhunderte als königliches Geschenk. Schon 507 n. Chr. schenkte Theoderich, der damalige Regent über Italien, dem Burgunderkönig Sigmund eine Schatten- und eine Wasseruhr. In Bagdad hatte die mohammedanische Kultur ihren Scheitelpunkt erreicht, als der Kalif Hārūn ar-Raschīd Karl dem Großen zu seiner Krönung als Geschenk eine Wasseruhr aus Erz mit damasziertem Gold überreichte. Es war die prachtvollste Wasseruhr mit Automaten und Glockenspiel, die je bekannt wurde.

Quecksilberuhren

Im Jahr 1277 wurde in den Libros del saber de Astronomia, einem spanischen Werk, bestehend aus wissenschaftlichen Übersetzungen von arabischen und jüdischen Texten, erstmals eine Quecksilberuhr beschrieben. Diese Quecksilberuhr besaß bereits die wesentlichen Merkmale einer mechanischen Uhr. Sie wurde von Gewichten angetrieben. Dabei bewegte ein Seil eine Trommel, die Quecksilber enthielt. Quecksilber ist ein zähflüssiger Stoff, dessen träge Eigenschaft als Hemmung genutzt wurde. Die sich drehende Trommel war durch eingebaute perforierte Bleche in Sektoren geteilt. Bei der sich drehenden Trommel floss das Quecksilber von einer Kammer durch die Perforation in die nächste Kammer. Aufgrund seiner Trägheit bremste es die Drehbewegung der Trommel ab. Durch geeignete Anpassung der treibenden Gewichte machte die Trommel in vier Stunden eine Umdrehung. Durch eine Untersetzung im Verhältnis 6:1 wurde erreicht, das die Trommel eine Umdrehung in 24 Stunden zurücklegte. Somit konnte die Zeit sowie andere astronomische Daten direkt auf der Anzeigeplatte abgelesen werden.

Feueruhren

Ein Stab, der mit Pech und Sägemehl beschichtet war, wurde auf eine ganz bestimmte Länge abgeschnitten. Kleine Metallkugeln waren in regelmäßigen Abständen an dem Stab mit Fäden befestigt. Der Stab ragte über einen Gong. Wenn der Stab nun bei Sonnenaufgang angezündet wurde, fraß sich die Flamme den Stab entlang.

Dabei brannte sie die Fäden ab, an denen die Metallkugeln hingen. Die fielen hinunter auf den Gong, schlugen ihn an und die Menschen konnten hören, dass wieder eine Zeiteinheit vergangen war.

Kerzenuhren

Es ist nicht bekannt, wo und wann Kerzenuhren zuerst verwendet wurden, ihre älteste Erwähnung stammt von einem chinesischen Gedicht, das im Jahre 520 n. Chr. von Jianfu geschrieben wurde. Dem Gedicht nach war die Kerze ein Mittel zur Bestimmung der Nachtzeit. Ähnliche Kerzen wurden auch in Japan bis zum Beginn des 10. Jahrhunderts verwendet. In der Geschichtsschreibung wurde erwähnt, dass König Alfred der Große von England im 9. Jahrhundert in Europa die Kerzenuhr erfand. Sie bestand aus sechs Wachskerzen, die 30 Zentimeter hoch und eine gleichmäßige Dicke von 2,5 Zentimeter hatten. Die Brenndauer einer Wachskerze betrug vier Stunden. Sein Chronist überlieferte, dass er exakt acht Stunden für seine öffentlichen Pflichten, acht Stunden für das Studieren, Essen und Schlafen sowie acht Stunden für das Gebet aufbrachte. Um seinen strukturierten Tagesablauf durchhalten zu können, benötigte er täglich sechs Wachskerzen, welche er in einer Laterne aufbewahrte, um die Gleichmäßigkeit des Abbrennens zu optimieren.

Die modernsten Kerzenuhren ihrer Zeit waren diejenigen von Al-Jazari im Jahr 1206. Eine seiner Kerzenuhren enthielt ein Zifferblatt mit Zeitanzeige, die zum ersten Mal durch einen Bajonettverschluss gehalten wurde. Dieser Befestigungsmechanismus wurde noch in der Neuzeit verwendet. Donald Routledge Hill beschrieb die Al-Jazari-Kerzenuhren folgenderweise:

Die Kerze, deren Abbrenngeschwindigkeit bekannt war, trug an der Unterseite der Kappe ein Loch, durch den der Docht geführt wurde. Das abgebrannte Wachs wurde in dem Einzug gesammelt und konnte periodisch entfernt werden, so dass es nicht mit der ständig brennenden Kerze in Berührung kam. Der untere Teil der Kerze lag in einer flachen Schale, die mit einem Ring an ihrer Seite über Rollen mit einem Gegengewicht verbunden war. Durch den Abbrand der Kerze schob sich das Gewicht mit einer konstanten Geschwindigkeit nach oben. Die Zeitanzeige wurde von der Schüssel an der Unterseite der Kerze betrieben.

Öllampenuhren

Eine Variation der frühen Zeitmessgeräte waren auch die Öllampenuhren. Diese bestanden aus einem abgestuften Glasraum, der mit einer senkrechten Skala versehen war. Dieser Glasraum diente als Vorratsbehälter für die Brennstoffversorgung der seitlich vom Vorratsbehälter eingebauten Lampe. Als Brennstoff diente Öl oder Tran. In der Regel wurde Tran verwendet, weil es sauberer und gleichmäßiger verbrannte als Öl. Durch den Brennstoffverbrauch der Lampe sank der Öl- oder Transpiegel im Glasreservoir, wodurch auf der Skala die Zeit abgelesen wurde. Mit der Öllampenuhr war in der Nacht eine grobe Zeitmessung möglich.

Räucherstäbchenuhren

Im Fernen Osten wurden – neben Wasseruhren, mechanischen Uhren und Kerzenuhren – auch Weihrauchuhren in den verschiedensten Formen eingesetzt. Räucherstäbchenuhren wurden um das 6. Jahrhundert zunächst in China verwendet. In Japan werden die Weihrauchuhren immer noch in der Shōsōin (Schatzkammer des Tōdai-ji) benutzt, obwohl die Schriftzeichen nicht chinesisch, sondern Devanagari sind. *Aufgrund ihrer häufigen Verwendung von Devanagari-Zeichen und ihres Einsatzes in den buddhistischen Zeremonien spekuliert Edward H. Schäfer, dass Weihrauchuhren in Indien erfunden wurden. Obwohl ähnlich wie die Kerzenuhr, verbrannte die Weihrauchuhr gleichmäßig und ohne Flamme, deshalb war sie für die Verwendung im Innenbereich genauer und sicherer.*

Es wurden verschiedene Typen von Weihrauchuhren gefunden; die häufigsten Formen sind die Räucherstäbchen und Weihrauch-Siegel. Ein Typ der Räucherstäbchenuhr wurde mit kalibrierten Räucherstäbchen bestückt, wieder andere hatten einen aufwendigen Mechanismus. Zum Beispiel wurden Gewichte in gleichmäßigen Abständen mit einem Faden angebracht. Durch das Abbrennen des Räucherstäbchens fiel das Gewicht nach einer gewissen Zeit auf einen Gong. Einige Weihrauchuhren wurden in eleganten Schalen eingebaut, in der durch eine offene Bodenplatte die Gewichte in ein dekoratives Fach fielen. Es gab Räucherstäbchen mit unterschiedlichen Düften, so dass die Stunden durch eine Änderung der Duftnote gekennzeichnet wurden. Die Räucherstäbchen wurden in Stabform oder als Spiralen verwendet. Die Spiralform wurde oft auf den Dächern der Häuser und Tempel aufgehängt und hatten eine längere Brenndauer gegenüber den Stäben. Bis 1924 waren Räucherstäbchen eine besondere Art von Zeitmesser, die ausschließlich in japanischen Geisha-Häusern (Okiya) verwendet wurden. Die Geisha wurde nach Anzahl der abgebrannten Senkodokei (Räucherstäbchen gegen Entgelt) für ihre Unterhaltung bezahlt. Räucherstäbchen-Siegeluhren wurden für offizielle Anlässe und Veranstaltungen verwendet und waren für religiöse Zwecke von primärer Bedeutung. Das Siegel wurde aus Holz oder einer Steinplatte, die mit einer oder mehreren Nuten versehen war, geätzt. Sie wurde mit Weihrauch bestückt und überwiegend von den chinesischen Gelehrten und Intellektuellen benutzt. Diese Uhren waren in China üblich, sie wurden in geringerer Anzahl auch in Japan hergestellt. Um den Übergang von einer bestimmten Stunde zu markieren, wurden verschiedene Harze oder duftende Räucherstäbchen sowie Weihrauchpulver auf die Uhrenfläche aufgebracht. Dadurch entstand eine Vielfalt von Weihrauchuhren, je nach der verwendeten Duftnote. Die Länge der Weihrauchstrecke bestimmte unmittelbar die Brenndauer der Uhr. Es gab Weihrauchuhren für kurze Zeiträume und solche, die zwischen zwölf Stunden und einem Monat brannten.

Während anfangs die Weihrauchhalter noch aus Holz oder Stein gebaut wurden, führten die Chinesen schrittweise die Metallplatten ein. Dies ermöglichte Handwerkern, die Weihrauchuhren leichter herzustellen und besser auszuschmücken. Ein weiterer Vorteil war die Möglichkeit, die Pfade der Nuten zu variieren, um eine Nutzung für die verändernde Länge der Tage im Jahr zu ermöglichen. Als kleinere Halterungen verfügbar wurden, wuchs die Uhr in der Popularität bei den Chinesen und wurde oft als Geschenk vergeben. Räucherstäbchen-Siegeluhren werden oft von heutigen Uhrensammlern gesucht, aber es sind nur wenige verfügbar, entweder sie sind bereits verkauft worden oder sind im Besitz von Museen oder Tempeln.

Astronomische Uhren

Ein Astrolabium ist ein wissenschaftliches astronomisches Gerät, das von den Muslimen auch zur Festsetzung der Gebetszeit, für einfache Vermessungszwecke und zur Navigation benutzt wurde. Es lieferte bis ins 17. Jahrhundert den arabischen und europäischen Astronomen unter anderem die genaue Zeit. Das Astrolabium bestand aus einem Ring, in dem eine Scheibe mit drehbarem Radius aufgehängt war. Zeitgenössische muslimische Astronomen benutzten eine Vielzahl von sehr genauen astronomischen Uhren für den Einsatz in ihren Moscheen und Observatorien, wie die wasserangetriebene astronomische Uhr von Al-Jazari aus dem Jahr 1206 und die astronomische Uhr von Ibn al-Shatir im frühen 14. Jahrhundert. Die modernsten Astrolabien zur Zeitnahme waren die ausgerichteten Astrolabien von Al-Biruni im 11. Jahrhundert und von Muhammad ibn Abi Bakr im 13. Jahrhundert. Diese wurden als Zeitmessgeräte und als Kalender verwendet. Al-Jazaris Schlossuhr von 1206 war die modernste wasserangetriebene astronomische Uhr. Sie gilt als frühes Beispiel für einen programmierbaren Analog-Computer. Diese Uhr war ein komplexes Gerät, das etwa 11 Meter hoch war und mehrere Funktionen neben der Zeitmessung hatte. Sie enthielt eine Darstellung des Tierkreises und der Solar- und Mondbahnen und besaß einen als Mondsichel geformten Zeiger. Dieser Zeiger fuhr mit seiner Spitze über ein Tor, das automatisch jede Stunde geöffnet wurde und eine Figur hervortreten ließ. Die Länge der Tage und Nächte konnten entsprechend den Jahreszeiten neu programmiert werden. In der Front standen fünf Musikerfiguren, die durch eine versteckte Nockenwelle mit einem Hebel verbunden waren. Dieser Hebel wurde durch das drehende Wasserrad verschoben, wodurch zu einer bestimmten Zeit automatisch Musik abgespielt wurde. Weitere Bestandteile der Schlossuhr waren: Ein Vorratsbehälter mit Schwimmereinrichtung, eine Schwimmerkammer und ein Durchflussregler sowie zwei Automaten, aus denen Kugeln in Vasen fielen, um als Weckervorrichtung zu dienen.

Moderne Zeitmessgeräte

Moderne Geräte antiken Ursprungs

Bei Sonnenuhren wird der Schatten eines punktförmigen Körpers (Nodus) auf einem Zifferblatt abgelesen. Bei den in der Antike verwendeten temporalen Tagesstunden ist die Länge von der Jahreszeit abhängig. Man teilte den Tag in zwei Teile zu zwölf Stunden: den Lichttag, der von Sonnenaufgang bis Sonnenuntergang geht, und die Nacht vom Sonnenuntergang bis Sonnenaufgang. Im Sommer waren die Tagstunden länger als die Nachtstunden, im Winter war es umgekehrt. Die Idee, Stunden von gleicher Länge das ganze Jahr über zu verwenden, wurde im Jahr 1371 von Abul-Hasan Ibn al-Shatir angewandt. Seine Idee basierte auf früheren Entwicklungen in der Trigonometrie von Muhammad ibn al-Dschabir al-Harrānī Battani (Albategni), der als Ibn al-Shatir bekannt war. Der Gnomon (Schattenzeiger) wurde parallel mit der Erdachse ausgerichtet, dadurch zeigten die Stundenlinien an jedem Tag des Jahres die gleiche Zeit an. Seine Sonnenuhr ist die älteste noch vorhandene Sonnenuhr, die nach der Erdachse ausgerichtet ist. Dieses Konzept wurde in den westlichen Sonnenuhren ab dem Jahr 1446 angewendet.

Nach der Annahme des Heliozentrismus und gleicher Stunden sowie Fortschritten in der Trigonometrie wurden Sonnenuhren in ihrer jetzigen Form in der Renaissance in großer Anzahl gebaut. Im Jahre 1524 baute der französische Astronom Oronce Finé eine Sonnenuhr aus Elfenbein, die heute noch existiert. Im Jahre 1570 veröffentlichte der italienische Astronom Giovanni Padovani eine Abhandlung, einschließlich der Anweisungen für die Herstellung und Verlegung von Wandmalereien der vertikalen und horizontalen Sonnenuhren. Um das Jahr 1620 beschreibt auch Giuseppe Biancani in Constructio instrumenti ad horologia Solarien, wie Sonnenuhren zu konstruieren sind. Während seiner Weltumseglung im Jahre 1522 verwendete der portugiesische Seefahrer Ferdinand Magellan auf jedem seiner Schiffe 18 Sanduhren. Da die Sanduhr eine der wenigen zuverlässigen Methoden zur Messung der Zeit auf See war, wird spekuliert, dass sie schon im 11. Jahrhundert an Bord von Schiffen als Hilfsmittel zur Navigation ergänzend eingesetzt wurde. Allerdings tauchen die frühesten Belege für ihre Verwendung in der Malerei im Jahre 1338 auf (Allegorie der Guten

Regierung von Ambrogio Lorenzetti). Sanduhren hatten als Prinzip wie heute noch den von einer oberen zu einer unteren Kammer durch eine Enge rinnenden Sand als Zeitmaß. Meist war die verrinnende Zeit auf eine halbe Stunde begrenzt. Vom 15. Jahrhundert an wurden Sanduhren in einem breiten Spektrum angewendet, hauptsächlich zum Messen kurzer Zeitspannen, etwa um als Kanzeluhr die Dauer einer Predigt festzulegen oder gar die Redezeit vor Gericht. In der Seefahrt bestimmten sie den Wachablauf in vier Stunden Wachen zu acht Glasen. Ein Schiffsjunge musste alle halbe Stunde die Sanduhr umdrehen. Auch in der Industrie und in der Küche fand die Sanduhr ihre Anwendung. Sie waren die ersten zuverlässigen, wieder verwendbaren, hinreichend genauen und leicht zu bauenden Zeitmessgeräte. Das Stundenglas wurde im Mittelalter als Symbol der verrinnenden Zeit und der Vergänglichkeit des Menschen betrachtet. Zwar wurde das Stundenglas auch in China benutzt, aber seit wann es dort verwendet wurde, ist unbekannt.

Westeuropäische mechanische Uhren

Die frühesten mittelalterlichen europäischen Uhrmacher waren christliche Mönche. Mittelalterliche Klöster und Lehranstalten benötigten Uhren, weil das tägliche Gebet und die Arbeitszeitpläne ausschließlich nach ihnen reguliert wurden. Dies wurde mit verschiedenen Arten der Zeitmessgeräte getan, wie der Sonnenuhr, der Wasseruhr oder der Kerzenuhr. Diese Uhrenarten wurden auch kombiniert benutzt. Als mechanische Uhren verwendet wurden, mussten sie zweimal täglich nachgestellt werden, um die Genauigkeit sicherzustellen. Wichtige Zeiten wurden durch Glockenzeichen oder durch eine mechanische Vorrichtung, wie ein fallendes Gewicht oder einen drehenden Klopfer, verkündet. Die Notwendigkeiten der Frömmigkeit und die technischen Fähigkeiten der mittelalterlichen Mönche waren entscheidende Faktoren in der Entwicklung der Uhren. Unter den Mönchen waren auch talentierte Uhrmacher. Im Jahre 996 n. Chr. wurde von dem zukünftigen Papst Sylvester II. die erste vermerkte Uhr in der Stadt Magdeburg errichtet. Peter Lightfoot, ein Mönch des 14. Jahrhunderts von Glastonbury, errichtete eine der ältesten Uhren, die noch im Wissenschafts-Museum in London zu besichtigen ist. Die Erwähnung von Uhren in den Schreiben des 11. Jahrhunderts deutet an, dass sie in Europa zu diesem Zeitraum weithin bekannt waren. Im frühen 14. Jahrhundert bezog sich der florentinische Dichter Dante Alighieri auf eine Uhr in seinem Paradiso, die den ersten literarischen Hinweis auf ein Stundenglockenwerk enthielt. Die früheste ausführliche

Beschreibung des Uhrwerks wurde von Giovanni Da Dondi, Professor für Astronomie in Padua, in seiner Abhandlung des Jahres 1364 IL Tractatus Astrarii dargestellt. Dieses Uhrwerk wies einige moderne Repliken auf. Andere bemerkenswerte Beispiele in diesem Zeitraum wurden in Mailand (1335), in Straßburg (1354), in Lund (1380), in Rouen (1389) und in Prag (1410) aufgebaut.

Die Uhr der Salisbury-Kathedrale (Wiltshire, England) von 1386 ist die älteste Uhr in der Welt, die fast komplett aus Originalbauteilen besteht. Diese Uhr hat keinen Vorwahlknopf, da sie nur eine Glocke zu den exakten Zeiten anschlägt. Die Räder und die Zahnräder wurden in einem geöffneten, kastenähnlichen Eisenrahmen von 1,20 Meter Seitenlänge angebracht. Der Rahmen wird mit Metalldübeln und -stöpseln zusammengehalten. Der Antrieb erfolgt durch die Schwerkraft zweier große Steine, die an einer Riemenscheibe aufgehängt sind. Während die Gewichte fallen, wickeln sich Seile von den hölzernen Fässern ab. Ein Fass treibt das Antriebsrad an, das durch die Hemmung reguliert wird, und das andere treibt den auffallenden Mechanismus und die pneumatische Bremse. Peter Lightfoots Kathedralenuhr, erbaut 1390, funktioniert nach dem gleichen System. Durch Einstellung des Vorwahlknopfes wurde die Ansicht des mittelalterlichen Universums mit seiner Sonnen- und Mondbahn dargestellt, die um den zentral gelagerten Erdball rotieren. Über der Uhr sind Figuren aufgesetzt, die die Glocke schlagen, während sich alle 15 Minuten ein Satz Turnierritter auf einer Schiene drehen. Diese Uhr wurde im 17. Jahrhundert mit einem Pendel und einer Ankerhemmung umgerüstet. Sie wurde 1884 ins Londoner Wissenschafts-Museum gebracht, wo sie noch heute funktioniert. Ähnliche astronomische Uhren können noch heute an den Kathedralen von Exeter, Ottery Saint Mary und am Wimborne Minster besichtigt werden.

Das mittelalterliche Leben wurde durch eine Vielzahl von Glockenzeichen der Kirch- und Stadttürme geregelt. Gebetszeiten der Klöster, Öffnungszeiten von Stadttoren, Gerichts- und Marktzeiten und andere wichtige Zeiten wurden von den Türmern eingeläutet. Hierzu war eine zuverlässige Zeitanzeige erforderlich; eine Notwendigkeit, der die Sonnen- und Wasseruhren nicht genügten.

Während im Mittelalter Uhren hauptsächlich für religiöse Zwecke benutzt wurden, setzte ab dem 15. Jahrhundert auch die Nutzung für die weltliche Zeitmessungen ein. In Dublin wurde die amtliche Zeitmessung zur lokalen Gewohnheit, bis 1466 stand eine allgemeine Uhr auf dem Stadtgericht- und Rathaus. Diese Uhr war die erste ihrer Art in Irland und hatte nur einen Stundenzeiger. Der zunehmende Prunk in den Schlössern führte zum Bau von großen Turmuhren. Aus dem Leeds Castle ist noch eine Turmuhr erhalten geblieben. Die aus dem Jahre 1435 stammende Uhr wurde mit Bildern der Kreuzigung Jesu sowie Bildern Marias und des heiligen Georg verziert.

Im Mittelalter wurden in vielen Glockentürmen Westeuropas mechanische Uhren verwendet. Die Turmuhr von Sankt Markus in Venedig wurde im Jahre 1493 von dem Uhrmacher Gian Carlo Rainieri aus Reggio Emilia zusammengebaut. Im Jahre 1497 formte Simone Campanato eine große Glocke, auch Marangona genannt, für den Glockenturm Sankt Markus. Diese Glocke wurde am 1. Dezember 1497 installiert und hatte einen Durchmesser von 1,27 Meter bei einer Höhe von 1,56 Meter. Der Beginn und das Ende eines Arbeitstages werden durch zwei mechanische Bronzestatuen von 2,60 Meter Höhe verkündet, die mit einem Hammer auf die Glocke schlagen. Im Jahre 1410 wurde von den beiden Uhrmachern Mikulas von Kadan und Jan Šindel die astronomische Uhr von Prag konstruiert. Sie setzt sich aus drei Hauptkomponenten zusammen: 1. dem astronomischen Zeiger, der die Position der Sonne und des Mondes im Himmel repräsentiert und weitere astronomische Details zeigt; 2. dem Uhrwerk, das „Der Gang der Apostel" genannt wird und zu jeder vollen Stunde Figuren der Apostel und einige andere Skulpturen erscheinen lässt; sowie 3. dem Kalenderzeiger, der mit Medaillons die Monate anzeigt. Etwa um 1490 wurden die restlichen Zeiger von dem Uhrmacher Jan Růže hinzugefügt, und die Uhr erhielt ihr gotisches Design. Die astronomische Uhr von Prag war die dritte ihrer Art. Die erste wurde 1344 in Padua (Italien) hergestellt.

Frühe mechanische Uhren verwendeten noch keine Minuten- und Sekundenanzeige. In einem Manuskript aus dem Jahr 1475 wird zum ersten Mal eine Minutenanzeige erwähnt. Seit dem 15. Jahrhundert existierten in Deutschland Uhren mit Minuten- und Sekundenanzeige. Uhren mit Minuten- und Sekundenanzeige waren noch in der Minderheit und ihre Anzeigen waren ungenau. Erst mit der Entwicklung des Pendels wurde eine größere Genauigkeit der Anzeige möglich. Im 16. Jahrhundert benutzte der Astronom Tycho Brahe Uhren mit Minuten- und Sekundenanzeige, um stellare Positionen zu beobachten.

Dezimaluhr-Zifferblatt

Zwischen 1794 und 1795 forderte die französische Regierung die Einführung von dezimalen Uhren. Ein Tag wurde in zehn Stunden eingeteilt und die Stunde hatte 100 Minuten. Der Astronom und der

Mathematiker Pierre-Simon Laplace und andere Intellektuelle änderten daraufhin die Uhreneinstellung auf Dezimalzeit. Eine Uhr im Palais des Tuileries zeigte noch bis ins Jahr 1801 die Dezimalzeit an. Die Kosten, die mit der Ersetzung aller Uhren in Frankreich verbunden waren, verhinderten eine Verbreitung der Dezimaluhren. Weil dezimale Uhren statt den gewöhnlichen Staatsbürgern nur den Astronomen halfen, war es eine der unpopulärsten Änderungen, die mit dem metrischen System verbunden sind, und so wurde sie verworfen.

Osmanische mechanische Uhren

Im Jahr 1565 beschrieb der osmanische Ingenieur Taqi ad-Din in seinem Buch The Brightest Stars for the Construction of Mechanical Clocks (al-Kawākib ad-durriyya fī waḍʿ al-bankāmat ad-dauriyya) eine durch Gewichte angetriebene mechanische Uhr. Diese hatte ein Foliot (deutsch: Waag, Balkenwaag oder Löffelwaag) mit Hemmung, Zahnräder, eine Weckeinrichtung sowie eine Darstellung der Mondphase. Ähnlich wie die europäischen mechanischen Wecker des 15. Jahrhunderts wurde die Weckzeit durch Versetzung eines Stöpsels eingestellt. Die Uhr hatte drei Anzeigen, für die Stunden, die Minuten und für die Gradzahl. Taqi al-Din konstruierte später eine mechanische Uhr für das Istanbul-Observatorium, die er zur Beobachtung der Rektaszension nutzte. Die Rektaszension ist in der Astronomie der Winkel zwischen dem Längenkreis des Frühlingspunktes bis zum Längenkreis, über dem das beobachtete Objekt steht, auf der Äquatorebene gemessen. Sie ist die Entsprechung auf der (imaginären) Himmelskugel zur geographischen Länge auf der Erde. Diese Uhr hatte eine Stunden-, Minuten- sowie Sekundenanzeige. Jede Minute war in fünf Sekunden unterteilt. Dieses war eine wichtige Innovation in der praktischen Astronomie des 16. Jahrhunderts, da die mechanischen Uhren am Anfang des Jahrhunderts für astronomische Zwecke nicht genau genug waren.

Uhrenentwicklung in Japan

Mechanische Uhren aus Messing oder Eisen mit Spindelhemmung wurden in Japan im 16. Jahrhundert von jesuitischen Missionaren eingeführt. Sie gründeten in der Präfektur von Nagasaki eine Missionar-Schule, die Allgemein- wie Berufsbildung vermittelte. Dort lernten die Schüler den Bau von Uhren, Orgeln und astronomischen Geräten. Ab 1635 begann Japan, sich von ausländischem Einfluss abzuschotten (sakoku), auch Auslandsreisen wurden vom Tokugawa-Shogunat untersagt. Doch während sich das Land mehr und mehr von der Außenwelt isolierte, erlebte die japanische Uhrmacherei dreihundert Jahre *lang eine Blütezeit. Die Residenzstadt Edo (das heutige Tokio) wurde zum Zentrum des japanischen Uhrenbaus. Bald darauf entstanden die ersten japanischen Zeitmesser, genannt Wadokei, die sich von westlichen Uhren darin unterschieden, dass sie bis in die zweite Hälfte des 19. Jahrhunderts Temporalstunden anzeigten. Für die Zeitmessung wurde jeder Tag nach Sonnenaufgang bis Sonnenuntergang in eine Tageszeit und eine Nachtzeit aufgeteilt. Der Tag und die Nacht wurden jeweils in sechs Perioden unterteilt. Da die Länge von Tag und Nacht im Laufe des Jahres ständig variierte, änderten sich auch täglich die Längen dieser Perioden. Die Wadokei-Uhren mussten mit diesen täglichen Variationen zurechtkommen. Das funktionierte zufriedenstellend; spätere Versionen waren mit Weckwerken ausgerüstet. Die Wadokei-Uhren wurden bis 1872 hergestellt, als das japanische Kabinett mit der Einführung des Gregorianischen Kalenders gleichzeitig die Einführung der Äquinoktialstunden beschloss. Das alte japanische Zeitsystem wurde aufgegeben, die Wadokei-Uhren verloren ihren Nutzen, und die japanischen Uhrmacher bauten von da an Uhren nach dem westlichen System.*

Da es in Japan an Erfahrung mit Uhren für das neue Zeitsystem fehlte, wurden zunächst Uhren aus dem Westen importiert. Westliche Technologien wurden zunächst beim Bau von Wanduhren eingesetzt. Die komplexe japanische Technik fand ihren Höhepunkt 1850 in der „10.000-Jahre-Uhr" von Tanaka Hisashige, dem späteren Gründer des Toshiba-Konzerns. Im Jahre 1881 gründete Hattori Kintarō ein Uhren- und Schmuckgeschäft (heute die Seiko-Gruppe) und später eine eigene Uhrenmanufaktur Seikōsha und gab damit den Startschuss für den Aufbau einer japanischen Uhrenindustrie. Seikōsha wurde eine der bedeutendsten Uhrenfabriken der Welt und ist an vielen technischen Entwicklungen wie etwa der Quarz-Werke maßgeblich beteiligt.

In den 1970er Jahren kam von Japan eine neue Armbanduhr auf den Markt, die kein mechanisches Uhrwerk hatte, sondern eine computerisierte Steuerung. Das Leistungsspektrum dieser Armbanduhr beinhaltete neben der genauen Zeitmessung auch Anzeigen für das Datum und den Wochentag und berücksichtigte auch die Schaltjahre.

Uhrenarten

Uhren wurden für die unterschiedlichsten Verwendungen gebaut, sie reichen von den Armbanduhren bis zu den Atomuhren. In der ganzen Geschichte der Zeitmessgeräte nutzen Uhren eine Vielzahl von Energiequellen, wie die Sonne, das Wasser, die Schwerkraft, die Elektrizität einschließlich des Atoms. Dem chinesischen Beamten Liang Lingzan und dem Mönch Yi Xing wird die Erfindung des mechanischen Uhrwerks zugeschrieben. Jedoch wurden mechanische Uhren erst ab dem 14. Jahrhundert in der westlichen Welt benutzt. Ab dem Jahr 1550 erreichte die Präzision der Uhrenmechanik ein beachtliches Niveau. Beflügelt durch den Zeitgeist der Renaissance entstanden mechanische Uhren mit Schlagwerken und mit astronomischen Angaben über Zeiträume von bis zu 20 Jahren. Jedoch mussten Gangdifferenzen von bis zu einer Stunde am Tag in Kauf genommen werden.

Pendeluhren

Mit der Miniaturisierung der Uhren im 15. Jahrhundert und der Herstellung von persönlichen Uhren im 16. Jahrhundert wurden die Innovationen der mechanischen Uhren fortgeführt. 1581 stellte der berühmte Astronom und Physiker Galileo Galilei seine Pendeltheorie auf. Sie besagt, dass die Schwingungszeit eines Pendels kaum von der Schwingungsweite, sondern primär von seiner Länge bestimmt wird. Obgleich Galileo das Pendel studierte, konstruierte er nie eine Uhr nach diesem Prinzip. Die erste Pendeluhr wurde erst 1656 vom holländischen Wissenschaftler Christiaan Huygens entworfen und gebaut. Frühe Versionen hatten eine Zeitabweichung von unter einer Minute pro Tag, die bald auf einige Sekunden verbessert wurde.

Im 17. und 18. Jahrhundert trugen auch die Jesuiten zur Entwicklung der Pendeluhr bei, da sie ein ungewöhnlich scharfes Verständnis für die Bedeutung von Genauigkeit hatten. So entwickelte der italienische Pater Giovanni Battista Riccioli ein genaues Ein-Sekunden-Pendel, das idealerweise 86.400 Schwingungen pro Tag erzeugte. Jesuiten spielten eine entscheidende Rolle in der Verbreitung wissenschaftlicher Ideen und arbeiteten mit zeitgenössischen Wissenschaftlern wie Huygens zusammen.

Durch die Erfindung der Ankerhemmung im Jahr 1670 wurde erst die Entwicklung der modernen Pendeluhren ermöglicht. Die vorherigen Langpendeluhren hatten die Spindelhemmung verwendet, was einen sehr großen Pendelausschlag von etwa 100 Grad erforderte (?). Um diesen großen Pendelausschlag zu verringern, verwendeten die meisten Pendeluhren mit Spindelhemmung ein kurzes Pendel. Diese kurzen Pendel hatten aber den Nachteil der ungenauen Zeitmessung, erforderten mehr Bewegungsenergie und verursachten mehr Friktion und Abnutzung als die Langpendel. Durch die Verwendung der Ankerhemmung konnte der Pendelausschlag auf vier bis sechs Grad verringert werden, wodurch wieder ein Langpendel verwendet werden konnte. Die meisten Pendeluhren waren so gebaut, das die Pendel auf ein Zeitintervall von einer Sekunde pro Pendelschwingung abgestimmt waren, wodurch die Länge des Pendels etwa einen Meter betrug. Bedingt durch die Pendellänge und den langen Fallraum der Antriebsgewichte mussten hohe und schmale Pendeluhren hergestellt werden.

Die Genauigkeit der astronomischen Zeitbestimmung erreichte mit Sekundenpendeln bereits im 18. Jahrhundert die Zehntelsekunde, was die Konstruktion temperaturkompensierter Pendelstangen anregte. Das um 1880 entwickelte Riefler-Pendel verbesserte die Zeitsysteme der Sternwarten noch weiter in den Bereich einiger 0,01 Sekunden und 1921 die Shortt-Uhr in die Millisekunden. Diese Präzisionspendeluhren dienten bis etwa 1960 als Basis der Zeitdienste (und wurden dann durch hochpräzise Quarzuhren und später Atomuhren ersetzt).

Da die Pendeluhren fix aufgestellt sein mussten, dienten als Arbeitsuhren am Fernrohr oft Marinechronometer. Die Synchronisation erfolgte zunächst durch elektrische Kontakte und später mittels Funktechnik oder Zeitsignalsendern.

Taschenuhren

Eine weitere technische Verfeinerung brachte die im Jahre 1676 von dem englischen Philosophen Robert Hooke erdachte rückführende Hakenhemmung, die besonders bei Standuhren verwendet worden ist. Diese Erfindung ermöglichte Christiaan Huygens, in die Gangregler der herkömmlichen Uhren eine Spiralfeder (Unruh) einzufügen, durch die sie eigenschwingungsfähig wurden. Damit konnten die Störungen durch den ungleichmäßigen Antrieb und durch äußere Einwirkungen bei dem Tragen der Taschenuhren verringert werden, gleichzeitig wurde ein großer Fortschritt in der Genauigkeit der Taschenuhren erreicht. Huygens' Beiträge zur Verbesserung der Zuverlässigkeit von Zeitmessern waren die entscheidende Voraussetzung für die serienmäßige Herstellung von Uhren.

Armbanduhren

1904 bat der Flugzeugführer Alberto Santos-Dumont seinen Freund Louis Cartier, einen französischen Uhrmacher, eine Uhr zu entwerfen, die ihm während seiner Flüge nützlich sein könnte. Im Jahre 1868 wurde bereits von Patek Philippe eine Armbanduhr erfunden, doch diese war mehr als Schmuckstück für Damen vorgesehen. Da Taschenuhren für Piloten unpassend waren, stellte Louis Cartier die

Santos-Armbanduhr her. Diese war die erste Armbanduhr für Herren, die für den praktischen Gebrauch bestimmt war und bis heute noch hergestellt wird. Während des Ersten Weltkrieges gewann die Armbanduhr an Popularität. Da Armbanduhren im Kriegseinsatz bequemer als Taschenuhren waren, wurden sie besonders von Offizieren bevorzugt. Artillerie- und Infanterieoffiziere waren von ihren Uhren abhängig, da während der Kämpfe koordinierte Einsätze notwendig wurden. Im Ersten Weltkrieg entstand die so genannte Schützengrabenuhr. Bei dieser Uhr war das Glas durch ein Schutzgitter aus Stahl geschützt, um dem Glasbruch vorzubeugen. Damit das Ablesen der Uhrzeit so leicht wie möglich fiel, verfügten diese frühen Militäruhren über besonders große Stundenzahlen auf dem Zifferblatt und sehr große Zeiger, die zusätzlich mit einer Leuchtmasse aus Radium versehen waren, sodass die Soldaten die Uhrzeit auch bei Dunkelheit ablesen konnten.

In den 1920er Jahren setzte sich das bereits um 1770 von Abraham-Louis Perrelet entwickelte Verfahren mit einer rotierenden Schwungmasse durch, welches den automatischen Aufzug einer Uhr ermöglichte. In der Zeit zwischen 1770 und Anfang des 20. Jahrhunderts konnte sich diese Technik nicht durchsetzen, da sie vor allem bei Taschenuhren eingesetzt wurde und diese nicht genügend bewegt wurden. Erst die Armbanduhr verhalf dem von Perrelet entwickelten Verfahren zum Durchbruch, da die Armbewegungen des Uhrenträgers ausreichten, um den automatischen Aufzug zu betätigen. Durch die geänderten Tragegewohnheiten der Armbanduhren mussten Stöße, Erschütterungen und auch Temperaturschwankungen bei der Fertigung berücksichtigt werden, um eine lange Lebensdauer der Armbanduhr gewährleisten zu können.

Ein Pionier auf diesem Gebiet war der deutsche Uhrmacher Hans Wilsdorf, der schon zu Beginn des Jahrhunderts einige seiner Uhrenkreationen ganz besonderen Tests unterzog. Eine entscheidende Neuerung im Bereich der Armbanduhren bedeutete in den 1930er Jahren die von Reinhard Straumann entwickelte Nivarox-Spirale. Sie bestand aus einer Speziallegierung, war von der Temperatur unabhängig, elastisch, unmagnetisch und rostfrei. Im Jahre 1931 entwickelte ein Unternehmen im schweizerischen La Chaux-de-Fonds das so genannte Incabloc-System, bei dem Stöße und Schläge in eine gelenkte mechanische Bewegung umgewandelt wurden. Dieses System wird heute noch verwendet. Seit den 1950er Jahren stellt der deutsche Uhrmacher Helmut Sinn auch Armbanduhren für Blinde her.

Marine-Chronometer

Ein Marine-Chronometer ist ein präzises Zeitmessgerät, das bei der Seefahrt zum Feststellen der Längengrade und der astronomischen Ortsbestimmungen benutzt wird. Marine-Chronometer wurden zuerst 1759 vom englischen Uhrmacher John Harrison entwickelt. Im Jahre 1761 gewinnt John Harrison mit der von ihm entwickelten Uhr den 1741 vom britischen Parlament ausgesetzten Preis von 20.000 Pfund Sterling für die Lösung des Längengradproblems. Dieses Chronometer, H.4 genannt, erreichte bei stürmischer See auf der Fahrt nach Jamaika und zurück in fünf Monaten die Genauigkeit von 5,1 Sekunden Abweichung. Der Schweizer Uhrmacher Louis Berthoud (1753–1813) stellte ein Präzisions-Taschenchronometer her, das Alexander von Humboldt 1799 auf seinen Schiffsreisen testete. Mit diesem Marine-Chronometer konnte sehr genau eine Längenbestimmung durchgeführt werden. Humboldt konnte dadurch exakte Beschreibungen der Meeresströmungen machen und durch Vergleich mit der Schiffsversetzung durch diese konkreten Angaben deren Richtung und Stärke berechnen. Marine-Chronometer wurden auch nach dem Zweiten Weltkrieg im Bereich der Kriegsmarinen weiter eingesetzt. Der Niedergang der Chronometer kam erst in der zweiten Hälfte des 20. Jahrhunderts durch die Erfindung der Quarzuhr, deren Ganggenauigkeit gleich um drei Zehnerpotenzen besser wurde. Für die Chronometer als Navigationsinstrumente war damit kein Bedarf mehr vorhanden.

Moderne Chronometer

Chronometer sind besonders präzise mechanische Uhren, die früher zur Zeitbestimmung und zur Navigation in der See- und Luftfahrt benötigt wurden. Auch heute werden für Sammler und Liebhaber noch mechanische Chronometer hergestellt. Als offizielles Chronometer wird eine mechanische Uhr bezeichnet, wenn das Uhrwerk bestimmten Präzisionsstandards entspricht. Jedes einzelne Uhrwerk wird dabei einem genau definierten Test unterzogen und einzeln zertifiziert. Weltweit darf diese Prüfung nur durch das unabhängige Schweizer Observatorium Contrôle officiel suisse des chronomètres (COSC) durchgeführt werden. Jährlich werden über eine Million Chronometer geprüft und mit einer Seriennummer zertifiziert.

Quarzuhren

Im Jahre 1880 wurden die piezoelektrischen Eigenschaften des kristallenen Quarzes durch Jacques und Pierre Curie entdeckt. 1921 wurde der erste Quarz-Oszillator von Walter Guyton Cady gebaut. Warren Marrison und J. W. Horton bauten im Jahr 1927 an den Bell-Telefon-Labors in Kanada die erste Quarzuhr. Die folgenden Dekaden sahen die Entwicklung der Quarzuhren als Präzisionszeit-Messvorrichtungen in den Laboratorien, ihr praktischer Gebrauch begrenzte sich auf die Kalibrierung der empfindlichen Zähllelektronik. Erst 1932 wurde durch die deutschen Physiker Adolf Scheibe und Udo Adelsberger eine Quarzuhr entwickelt, die in der Lage war, kleine wöchentliche Schwankungen der Umdrehungsrate der Erde zu messen. Mitte der 1930er Jahre wurde die Quarzuhr von dem deutschen Unternehmen Rohde & Schwarz zur Serienreife entwickelt und im Jahre 1938 weltweit als erste tragbare Quarzuhr hergestellt. 1969 produzierte das Unternehmen Seiko in Japan die erste Quarz-Armbanduhr, „Astron" genannt, für den Massenmarkt. Die „Astron" hatte eine Batteriekapazität von einem Jahr, ihre Genauigkeit und die niedrigen Herstellungskosten haben die folgende starke Verbreitung der Quarz-Armbanduhren ergeben.

Digitaluhren

Bereits im 19. Jahrhundert wurde digitale Technik bei der Zeitmessung verwendet. Die bis dahin benutzten Anzeigevarianten, wie „Fallblätter", „Scheiben" oder „Walzen" mit aufgedruckten Zahlen zur Zeitangabe, wurden durch Leuchtdioden („Light-emitting diodes" – LED) und durch Flüssigkristallelemente (LCD) für die heutzutage verwendeten Digitaluhren ersetzt. Zur Darstellung der Zahlen werden üblicherweise die sogenannte Siebensegmentanzeige und die Matrixanzeige verwendet. Zur Funktion von LED-Anzeigen werden Treiberbausteine benötigt, die einzelne Leuchtdioden oder Siebensegmentanzeigen ansteuern. Die Anzeigedaten werden über ein serielles Dreidraht-Interface in den Baustein übertragen, außerdem kann ein Dekodiermodus zur komfortablen Ansteuerung von Siebensegmentanzeigen aktiviert werden. Zur Steuerung der Taktfrequenz der Digitaluhren werden hauptsächlich Schwingquarze verwendet.

Das Schweizer Unternehmen Longines entwickelte 1972 den Prototyp einer Digitaluhr, „Clepsydre" genannt, der mit einer Flüssigkristallelemente-Anzeige (LCD) ausgestattet war. Diese Uhr verbrauchte bis zu 30.000 Mal weniger Strom als die LED-Uhren und hatte durch die Verwendung von Quecksilberbatterien eine Funktionsdauer von mehr als einem Jahr. Durch den Preisverfall der LCD-Elemente machten japanische Uhrenhersteller aus der einstigen High-Technik ein billiges

Massenprodukt. Später wurden in der Geschichte der Digitaluhr Zusatzoptionen wie Rechner, Datenbanken, Pulsmesser, Kamera, Kompass und TV-Empfang weitere technische Finessen hervorgebracht. Mittlerweile werden digitale Armbanduhren von sogenannten Smartwatches abgelöst, Uhren die über LCD-Anzeigen verfügen und mit dem Internet kommunizieren können.

Atomuhren

Atomuhren sind die genauesten bekannten Zeitmessvorrichtungen. Wegen ihrer Zeitabweichung von nur einigen Sekunden über viele Tausende von Jahren werden sie dazu benutzt, um andere Uhren und Zeitmessinstrumente zu kalibrieren. Entwickelt wurden die Grundlagen der Atomuhr vom US-amerikanischen Physiker Isidor Isaac Rabi an der Columbia University, der dafür 1944 den Nobelpreis für Physik erhielt. Die erste Atomuhr wurde 1949 erfunden und steht in der Smithsonian Institution (größter Museumskomplex der Welt). Sie basierte auf der Absorptionslinie im Ammoniakmolekül, doch die meisten Atomuhren basieren heute auf der eigenen Drehbeschleunigung des Caesiumatoms. Das Internationale   Einheitensystem standardisierte 1967 zum zweiten Mal seine Maßeinheit der Zeit, beruhend auf den Eigenschaften des Isotops Cs-133. Aufgrund der hervorragenden Gangergebnisse dieser Uhren wurde die Atomzeit als internationaler Standard für die Sekunde definiert. Eine Anwendung sind Caesium-Atomuhren, bei denen die Schwingung des Caesiumatoms als sehr genauer Zeitmesser verwendet wird. Atomuhren arbeiten auch mit anderen Elementen, wie Wasserstoff- und Rubidiumdampf. Die Wasserstoff-Atomuhr hat große Vorteile gegenüber der Rubidiumuhr, wie größere Stabilität, kleine Baugröße, geringe Leistungsaufnahme und folglich ist sie preiswerter.

Forscher am National Institute of Standards and Technology (NIST) in Boulder (USA) entwickelten die optischen Atomuhren. Diese gelten als Nachfolger der 50 Jahre alten Caesiumuhren, die auf der ganzen Welt die Zeit vorgeben. Die Quecksilber-Atomuhr wurde erstmals im Jahr 2000 vorgestellt und seitdem kontinuierlich verbessert. Diese optische Atomuhr nutzt die schnellen Schwingungen eines Quecksilber-Ions, das in einer ultrakalten Magnetfalle sitzt. Das angeregte Quecksilber-Ion sendet einen Lichtimpuls mit der Frequenz von mehr als einer Billiarde Schwingungen pro Sekunde aus. Die zweite optische Atomuhr arbeitet mit einem Aluminium-Ion. Da sie kaum von elektrischen und magnetischen Feldern sowie Temperaturschwankungen beeinflusst wird, hat sie eine große Ganggenauigkeit. Die Caesium-Atomuhr hat eine Ganggenauigkeit von einer Femtosekunde, das sind 15 Dezimalstellen hinter dem Komma. Bei den Experimenten am National Institute of Standards and Technology (NIST) konnte die Zeit der optischen Atomuhren auf wenige Attosekunden (17 Dezimalstellen hinter dem Komma) genau gemessen werden. Diese Experimente beweisen, dass sowohl die Quecksilber-Atomuhr als auch die neu entwickelte Aluminium-Ionenuhr um den Faktor zehn genauer sind als die besten Atomuhren der Welt auf Caesiumbasis.

Funkuhren

Eine Funkuhr ist ein Taktgeber, der durch einen Bitstrom des Zeitcodes synchronisiert wird und durch einen Signalübermittler übertragen wird, der an eine Zeitvorgabe wie einer Atomuhr angeschlossen wird. Dieses Verfahren der Zeitübermittlung per Funk wurde 1967 bei dem Unternehmen Telefunken erfunden und zum Patent angemeldet. Eine Funkuhr kann mit nationalen oder regionalen Signalübermittlern synchronisiert werden, oder sie nutzt einen Mehrfachsignalübermittler, wie das globale Positionsbestimmungssystem. Funkuhren sind als Wanduhren und Armbanduhren seit den 1980er Jahren in Europa weit verbreitet.

Global Positioning System

Das globale Positionsbestimmungssystem (GPS), in der Koordination mit dem Network Time Protocol, ist ein Funknavigationssystem, das benutzt wird, um Zeitmessungssysteme über den Erdball zu synchronisieren. Das GPS wurde durch das US-Verteidigungsministerium entwickelt, um konstante Allwetter-Navigationsfähigkeiten für Heer, Marine und Luftwaffe zur Verfügung zu stellen. Zwischen dem 22. Februar 1978 und dem 9. Oktober 1985 wurde die erste Generation von 24 Satelliten, die das globale Positionsbestimmungssystem bilden, vom Luftwaffenstützpunkt Vandenberg in Kalifornien gestartet. Im Jahr 1983, nachdem Korean Air Lines Flight 007 bei Überschreiten des sowjetischen Luftraums abgeschossen wurde, gab Präsident Ronald Reagan eine Richtlinie heraus, die eine freie gewerbliche Nutzung des GPS erlaubte, um weitere Navigationsstörfälle zu verhindern. Die GPS-Zeit lässt sich nicht korrekt mit der Erdumdrehung zusammenbringen, dadurch berücksichtigt sie nicht Schaltsekunden oder andere Korrekturen, die regelmäßig an den Systemen wie der koordinierten Universalzeit (UTC) angewendet werden. Dies ist der Grund, warum die Verbindung der GPS-Zeit mit der UTC auseinandergelaufen ist. Die GPS-

Zeit bleibt folglich an einem konstanten Versatz von 19 Sekunden von der internationalen Atomzeit (TAI) hängen. Die Satellitenuhren des GPS-Systems werden regelmäßig, um relativistische Effekte zu beheben, mit den Atomuhren auf der Erde synchronisiert. Seit dem Jahr 2007 beträgt der Zeitunterschied zwischen GPS-Zeit und UTC nur noch 14 Sekunden, die von der GPS-Navigation berücksichtigt werden. Empfänger subtrahieren diesen Versatz von der GPS-Zeit, somit lassen sich spezifische UTC-Zeitzonenwerte berechnen. In den Vereinigten Staaten wird das System Navstar-GPS durch 24 Satelliten aufrechterhalten, welche die Erde alle zwölf Stunden auf sechs Umlaufbahnen umkreisen. Russland lässt ein System laufen, das als GLONASS bekannt ist (globales Navigations-Satellitensystem). Im Jahr 2007 genehmigte die Europäische Gemeinschaft die Finanzierung für die Galileo-Navigationsanlage. Diese Navigationsanlage besteht aus 30 Satelliten, die bis zum Jahr 2018 einsatzbereit sein sollen. China hat zwei erdumkreisende Satelliten von den geplanten 35 Stück für seine Beidou-Navigationsanlage im All.

Uhrmacherei

Die ersten Uhrmacher waren Grobschmiede, Kanonengießer, Schlosser, Gold- und Silberschmiede. Handwerker, die Uhren herstellen konnten, waren im Mittelalter Reisende, die von Stadt zu Stadt zogen und Aufträge übernahmen. Im Laufe der Jahre entwickelte sich das Uhrmacherhandwerk von einer fachkundigen Fertigkeit in eine Massenproduktionsindustrie. Paris und Blois waren die frühen Zentren der Uhrmacherei in Frankreich. Weitere Uhrmacherzentren waren in Deutschland Augsburg und Nürnberg, in der Schweiz Genf und in England London. Französische Uhrmacher wie Julien Le Roy von Versailles waren führend im Entwurf von dekorativen Uhren. Le Roy gehörte in der fünften Generation einer Familie von Uhrmachern an und wurde von seinen Zeitgenossen als der „talentierteste Uhrmacher Frankreichs" beschrieben. Er erfand einen speziellen wiederholenden Mechanismus, der die Präzision der Uhren verbesserte. Er baute für Ludwig XV. zwei Uhren, deren Zifferblatt geöffnet werden konnte und somit das innere Uhrwerk sichtbar machte. Während seines Lebens fertigte er in seiner Werkstatt über 3500 Uhren an, das waren im Durchschnitt 100 Stück pro Jahr. Zum Vergleich: Andere Uhrmacher fertigten im Jahr etwa 30–50 Stück an. Die Konkurrenz und die wissenschaftliche Rivalität, die aus seinen Entdeckungen resultierten, regten Forscher weiter an, nach neuen Methoden der genauen Zeitmessung zu suchen.

In Deutschland waren Nürnberg und Augsburg die frühen Zentren der Uhrmacherei. Indes wurden in der ersten Hälfte des 19. Jahrhunderts im Schwarzwald Lackschilduhren hergestellt. Lackschilduhren haben ihren Namen aufgrund ihres schildförmigen, bemalten und lackierten Zifferblattes, das alles andere überdeckt. Der überwiegende Teil der Uhrmacher des 17. und 18. Jahrhunderts kam aus England. Die Schweiz gründete im 19. Jahrhundert ihr eigenes Zentrum der Uhrmacherei in Genf. Der Zufluss von Hugenotten-Handwerkern ermöglichte der Schweiz, Uhren maschinell zu fertigen, dadurch errang die Schweizer Industrie die weltweite Vorherrschaft in der Fertigung von hochwertigen maschinell hergestellten Uhren. Das führende Unternehmen in dieser Zeit war Patek Philippe. Gegründet wurde es durch Antoni Patek von Warschau und Adrien Philippe von Bern.

Seite „Geschichte der Zeitmessgeräte". In: Wikipedia, Die freie Enzyklopädie. Bearbeitungsstand: 9. Januar 2021, 23:06 UTC. URL: https://de.wikipedia.org/w/index.php?title=Geschichte_der_Zeitmessger%C3%A4te&oldid=207445625 (Abgerufen: 3. März 2021, 09:09 UTC)

2.3.6 Eine kurze Geschichte der Zeit

Eine kurze Geschichte der Zeit (englischer Originaltitel A Brief History of Time) ist ein 1988 vom Physiker Stephen Hawking veröffentlichtes populärwissenschaftliches Buch. Es entwickelte sich schnell zu einem Bestseller; bis zum Jahr 2002 wurden mehr als neun Millionen Exemplare verkauft. Es war 41 Wochen lang in den Jahren 1988 und 1989 auf dem Platz 1 der Spiegel-Bestsellerliste.

Das Buch befasst sich mit Fragen zur Kosmologie und beleuchtet dabei insbesondere die Rolle der Zeit. Es enthält Betrachtungen zum Urknall und versucht, Eigenschaften schwarzer Löcher mit Hilfe der Stringtheorie zu erklären.

Kapitel

- *Unsere Vorstellung vom Universum*
- *Raum und Zeit*
- *Das expandierende Universum*
- *Die Unschärferelation*
- *Elementarteilchen und Naturkräfte*
- *Schwarze Löcher*
- *Schwarze Löcher sind gar nicht so schwarz*
- *Ursprung und Schicksal des Universums*
- *Der Zeitpfeil*
- *Wurmlöcher und Zeitreisen*
- *Die Vereinheitlichung der Physik*
- *Schluss*
- *Albert Einstein*
- *Galileo Galilei*
- *Isaac Newton*

Ein biografischer Dokumentarfilm über Stephen Hawking trägt den gleichen Titel.

Eine kurze Geschichte der Zeit hielt sich 237 Wochen lang auf der Bestsellerliste der Sunday Times, länger als irgendein anderes Buch. Es ist in etwa vierzig Sprachen übersetzt. Inzwischen wurde dieses Buch überarbeitet und auf den neuesten Stand wissenschaftlicher Erkenntnisse gebracht.

Eine weitere überarbeitete Ausgabe des Buches heißt Die illustrierte kurze Geschichte der Zeit. Durch viele zusätzliche Bilder und

Illustrationen wird hier versucht, den Inhalt verständlicher und deutlicher darzustellen.

Im Oktober 2005 erschien von Stephen Hawking eine vereinfachte Version seines Buches mit dem Titel Die kürzeste Geschichte der Zeit. Auch Hawkings Buch Das Universum in der Nussschale enthält in den ersten Kapiteln eine Kurzfassung der Kurzen Geschichte der Zeit.

Kritiken

- *„Eine rasante Geisterbahnfahrt durch das Labyrinth kosmologischer Denkmodelle" – Der Spiegel*
- *„Der Physiker Stephen Hawking ist im Begriff, die Formel zu finden, die das Universum erklärt." – Zeit-Magazin*
- *mit Leonard Mlodinow: Die illustrierte kurze Geschichte der Zeit, aktualisierte und erweiterte Neuauflage, Rowohlt, Reinbek bei Hamburg 2004, ISBN 3-499-61968-7.*
- *mit Leonard Mlodinow: Die kürzeste Geschichte der Zeit, Rowohlt, Reinbek bei Hamburg 2005, ISBN 3-498-02986-X.*

Seite „Eine kurze Geschichte der Zeit". In: Wikipedia, Die freie Enzyklopädie. Bearbeitungsstand: 2. April 2020, 08:01 UTC.
URL: https://de.wikipedia.org/w/index.php?title=Eine_kurze_Geschichte_der_Zeit&oldid=198379221 (Abgerufen: 3. März 2021, 09:28 UTC)

3. Zeit als wertvollstes Guthaben

Mit der Geburt erhält man ein Zeitguthaben, das kurz oder lang sein mag und dieses bestimmt das Leben. Dieses Guthaben kann man nach einer bestimmten Grenze theoretisch nicht verlängern. Dies ist nun mal das Gesetz der Natur. Es kommt vor allem darauf an, was man mit diesem wertvollsten Guthaben unternimmt. Die Geschichte zeigt uns, dass manche der Protagonisten wirtschaftlich mit ihrer Zeit umgegangen sind und andere sehr verschwenderisch.

Mit der Festlegung dieses Guthabens stellt sich die Frage zu welchem Ziel es verwendet wird. Spätestens damit sind wir bei der philosophischen Frage „Was ist das Ziel des Lebens?" Tatsache ist jedoch, das eine beliebige Vermehrung dieses Guthabens nicht möglich ist oder mit anderen Worten: Man kann die Zeit nicht mit objektiven Maßnahmen verlängern.

Die subjektive Wahrnehmung der Zeit lässt jedoch eine Veränderung der Zeitachse zu. Allerdings ist festzustellen, dass der Wert dieses wertvollsten Guthabens von der Mehrheit der Menschen kaum gewürdigt wird. Es gibt immer einen Teil der Bevölkerung, der nie Zeit hat. Aber bei genauer Betrachtung sieht man, dass das nicht stimmt. Es kommt immer darauf an, welche Priorisierung von Aktivitäten während eines Zeitraums vorgenommen wird, ob die Zeit für sinnvolle oder nicht sinnvolle Tätigkeiten verwendet wird.

Insoweit ist die Zeit eines der wertvollsten Guthaben, das für jeden Menschen vorhanden ist. Allerdings ist dieses Guthaben nicht gleich auf die Menschheit verteilt. Die Messung dieses Guthabens ist jedoch von dem Menschen festgelegt worden, die damit ein Hilfsmittel für die Ermittlung und Bewertung des Guthabens geschaffen haben. Für einen Menschen beträgt das Guthaben maximal ca. 36.500 Tage oder 2.190.000 Stunden.

4. Die verkannte Weltmacht?

Zeit ist möglicherweise eine verkannte Weltmacht. Denn sie bestimmt das Leben der Menschheit, das Leben der Tiere, das Leben von Pflanzen. Die Zeit bestimmt auch das politische, gesellschaftliche, wirtschaftliche Leben der Menschheit auf der Erde. Weder mächtige Persönlichkeiten, noch historische Figuren, noch Weltmächte haben die Zeit überdauert. Insoweit ist die Zeit wichtig als die Vorstellung, die die Menschen in sich tragen. Denn die Zeit ist für jedes Element auf dem Globus beschränkt.

Üblicherweise unterscheidet man zwischen den vier Zeitabschnitten: Geburt und Aufstieg, Höhepunkt, Niedergang und Zerfall. Das gilt für Menschen, für Technik, für Wirtschaften, für Länder und Völker und selbst für die Tiere und Pflanzen. Insoweit ist die Zeit in sich selber eine Weltmacht.

5. Wichtigstes Gut?

Würde man die Menschen nach ihrem wichtigsten Gut fragen, so würde in den allermeisten Fällen nicht die Zeit genannt werden, sondern eher ein zweitrangiges Gut.

Dabei ist die Zeit weder käuflich noch verkäuflich.

Die Zeit ist in einer bestimmten Menge gegeben, die man nicht vermehren kann. Man kann keinen Handel mit der Zeit machen und man kann keine Märkte für die Zeit aufmachen. Denn die Zeit ist in allen Bereichen individuell verfügbar – sei es für Menschen, Tiere, Pflanzen, Kulturen, Gesellschaften, Techniken und selbst für Bücher.

6. Die Mächtigen sind gegen die Zeit machtlos

Seit Menschengedenken haben Königinnen und Könige, Kaiser, Generäle keine Macht entwickeln können, um die Zeit im Zaum zu halten. Es war vielmehr die Zeit, die diese Persönlichkeiten und Mächtigen stets in ihrem Zaum gehalten hat. Es gab zu keiner Zeit eine Persönlichkeit oder eine Macht, die überhaupt eine Chance hatte, die Zeit zu beherrschen. Im Gegenteil: Es war die Zeit die diese Mächtigen beherrscht hat. Immer nach dem gleichen Prinzip von Aufstieg, Höhepunkt, Niedergang und Zerfall.

Gegen dieses Prinzip der Zeitachse konnte sich kein einziger Mensch in der Geschichte oder der heute lebenden Mächtigen auflehnen und auch der reichste Mensch der Erde hatte dagegen keine Chance.

Es ist immer erstaunlich zu beobachten, wie diese Mächtigen versuchen, den Lauf der Zeit zu beeinflussen und sie dann doch scheitern. Selbst der von ihnen vorgegebene Zeittakt für die Fertigstellung von Leistungen oder allgemein zur Zielerreichung ist schlicht der Versuch, die Zeit zu meistern. Dabei vergessen sie sehr oft, dass alle Macht endet, wenn ihre Zeit gekommen ist.

7. Propheten und Philosophen machtlos?

Alle Propheten und Philosophen wussten seit Menschengedenken um die Macht der Zeit. Sie haben stets versucht der
Menschheit klarzumachen, dass die Zeit und das Zeitguthaben
eines Menschen eindeutig endlich ist und dass sie in die vier
Phasen: Geburt und Aufstieg, Höhepunkt, Niedergang und Zerfall eingeteilt ist. Propheten und Philosophen haben sogar Religionen erfunden, um die unerträgliche Erkenntnis der Endlichkeit zu umgehen. Endlichkeit und Zeit sind zwei Seiten der
gleichen Medaille, denn sie stellen nichts anderes als das Guthaben jeder Kreatur auf dieser Erde dar.

Betrachtet man die Versuche der Propheten und Philosophen
und Religionsgründer, so kommt man in einer kritischen Ana-
lyse zu dem Ergebnis, dass ihre Versuche, die Endlichkeit er-
träglich zu machen, bei genauer Betrachtung gescheitert sind.
Bei allem Wohlwollen gegenüber der Arbeit von Propheten
und Philosophen steht doch fest, dass sie gegenüber der Zeit
und ihrem Phasenablauf machtlos sind.

8. Die Frauen und die Zeit

Gerade für Frauen hat der Faktor Zeit eine erhebliche Bedeutung, denn er stellt ihrer Gebärfähigkeit eine enge Grenze. Frauen können unter normalen Umständen nach dem 40. Lebensjahr kaum noch Kinder gebären. Hinzu kommt, dass ein wesentlicher Teil der Frauen ihre Attraktivität und körperliche Schönheit nur für eine beschränkte Zeit besitzen und damit die Anziehung auf die Männer mit dem Ziel der Reproduktion zeitlich beschränkt ist.

Insoweit spielt der Faktor Zeit mit der Zeitbemessung und der Zeitbewertung im Leben der Frauen eine tiefgreifende Rolle. Vielfach geraten Frauen, die bis zu einem bestimmten Alter keine Kinder geboren haben, regelrecht in Panik und irrationalen Handlungen, die sehr oft zu ihrem Nachteil ausgehen. Das Zeitguthaben für ihre Fertilität prägt die Persönlichkeit der Frauen in ihrem Kern. Es ist seit Menschengedenken her bekannt, das Frauen stets Hilfsmittel und Kosmetika in erheblichem Maß nutzten, um gegen den Faktor Zeit anzugehen. Dabei haben sie doch stets die Wette gegen die Zeit verloren.

9. Die Jugend und die Zeit

Betrachtet man die Rolle der Zeit bei der Jugend, so stellt man fest, dass die Kinder und die Heranwachsenden noch kein reales Bewusstsein über Bedeutung der Zeit haben, denn das Älterwerden ist noch zu lange hin als dass sie sich Gedanken über den Ablauf der Zeit machen müssten. Hinzu kommt, dass die Jugend in der ersten Phase des Zeitablaufs steht, d. h. dem Aufstieg und in dieser Phase sind in der Regel sowohl physische Kräfte als auch psychische Kräfte in quasi unerschöpflichem Umfang vorhanden. Insoweit ist die Zeit für die Jugend mehr oder weniger etwas Abstraktes bzw. etwas Gutes, denn sie werden reifer erwachsen und vor allem treten sie in das das volle gesellschaftliche Leben ein. Insoweit ist die Zeit für die Jugend ein positiver Weg zum Erwachsenwerden.

Inwieweit die Kinder und Jugendlichen den Wert der Zeit für das Heranwachsen real bemessen und die richtige Bewertung dazu vornehmen können, ist in der Fachliteratur sehr strittig. Für den Autor steht jedoch fest, dass die Zeit der Jugend sehr oft mit angenehmen Erinnerungen verbunden wird.

10. Die Messung und Berechnung der Zeit

Mit den verschiedenen Instrumenten zur Zeitmessung, wie z.B. mittels physikalischen Uhren, und zur Berechnung der Zeit hat der Mensch sich Hilfsmittel geschaffen, um Orientierungspunkte für Entscheidungen oder deren Umsetzung zu haben. Die Zeitberechnungen und -vorgaben sind in allen Lebensbereichen unabdingbar, seien es die Zeitvorgaben für die Durchführung von Aufgaben, seien es die Arbeitszeiten für den Arbeiter, sei es die Kopplung der Löhne an Zeitperioden, sei es die Kopplung von Zinsen an die Zeit, die Zeitdauer für die Wirkung von Medikamenten oder auch die Relevanz von Zeiträumen in juristisch/ strafrechtlichen Zusammenhängen.

Alle diese Berechnungen und Zeitrahmen stellen lediglich Hilfsmittel dar, die von den Menschen künstlich aufgebaut worden sind, um das Funktionieren von Gesellschaften zu ermöglichen, sei es in der Vergangenheit oder in der heutigen Gegenwart.

Denn ohne Zeitmessung und ohne Zeitberechnung ist das Funktionieren von Gesellschaften nicht möglich.

11. Beginn der Zeitrechnung: Willkürlich durch den weißen Mann

Der weiße Mann, d. h. der Europäer hat die Geburt von Jesus Christus als einen Nullpunkt in der Zeitachse festgelegt und darauf aufbauend alle vergangenen Ereignisse mit „vor Christus" und alle Ereignisse nach diesem Datum mit „nach Christus" definiert. Diese Festlegung des Nullpunkts erfolgte rein willkürlich und basiert auf keinerlei wissenschaftlicher Grundlage. Lediglich auf dem Glauben und einer Religion. Und letztendlich war dies ein Frage der politischen, wirtschaftlichen, militärischen Hegemonie des weißen Mannes.

Tatsache ist jedoch, dass andere Religionen - wie die jüdische Religion, die hinduistische Religion, die japanische Religion, das orthodoxe Christentum, der Islam, die Religion der Inka, die Religionen der Ureinwohner Amerikas einen anderen Beginn der Zeitrechnung haben und damit einen anderen 0-Punkt der Zeitachse. Dieser Beginn der Zeitrechnung nach christlicher Religionsvorgabe hat sich in der Bevölkerung und ihren Nachkommen so verfestigt, dass die meisten fest daran glauben, dass diese Zeitachse Gott gegeben ist und nicht wissenschaftlich bewiesen werden muss. Dies beweist abermals die Macht, die Religionen und Aberglauben aus der Historie bis heute auf die Völker ausüben.

12. Stell dir vor es gibt keine Zeit

Für den Teil der Bevölkerung, der die Wichtigkeit und Einzigartigkeit der Zeit immer noch nicht verstanden hat, soll anhand von Metaphern klargemacht werden, was passiert, wenn es gar keine Zeit gibt.

Werden die Menschen älter, sterben sie nach gewisser Zeit; werden die Menschen geboren, werden sie erwachsen. Das Leben der Menschen folgt einer gewissen Gesetzmäßigkeit. Was passiert mit den Tieren, was passiert mit den Pflanzen, wachsen die Pflanzen, wie stellt man das fest. Was passiert mit der Arbeit. Wie kann man die Zeit zwischen Tag und Nacht erfassen. Wie kann man sich zusammenfinden, verabreden. Was passiert mit der Gebärfähigkeit der Frauen. Was passiert mit einer Gesellschaft die keine Zeit kennt?

Dies sind lediglich ein paar Fragen, die aufzeigen, mit welchen Problematiken sich die Menschen zu befassen hätten, würde es die Erfassung und den Begriff der Zeit gar nicht geben. Das würde auf keinen Fall Prozesse des Lebens verhindern. Jedoch würde die Spezifizierung von Prozessen – sei es bei Menschen und bei Tieren oder Pflanzen gar nicht mehr erkenntlich und damit würde der Mensch seine Orientierung in einem wichtigen Bereich verlieren.

13. Ohne Zeit keine Gesellschaft

Ohne Zeit, Zeiterfassung, Zeitbewertung gibt es kein gesellschaftliches Leben, das war schon in der Antike so. Und insbesondere in der Entwicklung der Gesellschaft des weißen Manns spielte die Zeiterfassung und die Zeitbewertung eine ständige und zunehmend wichtige Rolle.

Die Herstellung von Gütern und die Bestimmung eines Preises, der Aufbau von Infrastrukturen, der Bau von Häusern, die Aufstellung von Militär, die Mittel zur Finanzierung der Staaten, der Aufbau von Flotten, die Industrialisierung, die Ermittlung von wirtschaftlichen Zusammenhängen, die Kriegsführung, der Aufbau von Diktaturen oder Demokratien: Stets waren Zeiterfassung und Zeitbestimmung eine entscheidende Komponente für die Menschen.

Insoweit ist keine einzige Gesellschaft seit der Antike möglich ohne die Zeiterfassung und Zeitbestimmung.

14. Ohne Zeit keine moderne Wirtschaft

Insbesondere seit dem 18. Jahrhundert, und vor allem während der Industrialisierung des 19. Jahrhunderts, wurden die Zeit, die Zeiterfassung und die Zeitbewertung als wesentliche Grundlage für wirtschaftliche Zusammenhänge und die Bewertung von wirtschaftlichen Gütern erkannt. Ob durch Automatisierung, wie z.B. bei der Weber-Revolution, oder beim Stahlbau oder beim Taylorismus spielt der Faktor Zeit eine wesentliche Rolle für die Ermittlung von Kosten und Erträgen. Das gilt auch bei der Festlegung von Arbeitszeiten und Leistungsbewertungen, ohne die keine moderne Wirtschaft funktionsfähig wäre.

Die Zeit ist wesentlicher Bestandteil für die Bewertung von Gütern, nicht nur in der Landwirtschaft und in der Industrie, sondern auch im Bereich aller Dienstleistungen. Ohne Zeiterfassung und -bewertung sind keine Preise möglich und die ökonomischen Zusammenhänge moderner Wirtschaften nicht darstellbar.

15. Ohne Zeit gibt es keine Geschichte

Ohne Zeit, Kalender und Zeiterfassung ist die Wiedergabe von Geschichte und ihre Bewertung für die Gesellschaften, Völker, Ethnien kaum möglich. Das Gedächtnis der Menschheit wäre ohne Zeit nicht abbildbar. Zeitachse, Zeitzuordnung, Zeitbewertung sind für die Geschichte und die Geschichtsschreibung die wesentliche Grundlage für die Zuordnung der geschichtlichen Ereignisse, ihrer Abfolge und Zusammenhänge.

Die Geschichtsbücher von heute und gestern stecken voller Daten, Wissen und Erfahrungen und sind letztendlich Kinder von Zeit und Zeitachsen sind. Geschichtsforschung wäre nicht möglich ohne die Zuordnung von Ereignissen in der Zeitachse.

Denn die Geschichte ist nichts anderes als das Ur-Gedächtnis der Menschheit.

16. Ohne Zeit keine Kultur

Wenn man über Kulturen spricht, die sich in Skulpturen, Architektur, Malerei, Erzählungen, Dichtungen, Musik, technisch-wissenschaftlichen Abhandlungen, Märchen, ethischen und religiösen Abhandlungen, Theater, Kino ausdrücken, so können alle diese Elemente von Kulturen ohne Einordnung auf der Zeitachse nicht dargestellt und bewertet werden. Jede Kultur ist an eine Zeit gebunden.

Insoweit ist Kultur ohne zeitliche Zuordnung kaum vorstellbar.

17. Die Uhr und die Uhrzeit

Die Uhrzeit und die Uhr sind die wichtigsten Ordnungsmittel um die Zeit zu erfassen und zu bewerten. Ob das die Sonnenuhr oder die Atomuhr ist: Es geht lediglich darum, stets so nah wie möglich das von Menschen theoretisch festgelegte System abzubilden. Die Uhrzeit wurde nicht von einer Religion, einem Gott oder vom Himmel geschaffen, sondern sie wurde von Menschen festgelegt.

Tatsache ist jedoch, dass Menschen festgelegt haben, dass ein Tag 24 Stunden hat, bevor sie real gemessen worden ist. Die Aufteilung in Stunden, Minuten und Sekunden wurde von Menschen festgelegt, um eine bessere und genauere Erfassung und Bewertung der Zeit zu ermöglichen.

Seit Menschengedenken und bis heute haben die Zeiterfassung mit Uhren und Uhrwerken die Menschen fasziniert und sie zu Höchstleistungen getrieben, um die Zeit festzuhalten und die Zeit zu messen. Denn die Messung der Zeit basiert nur auf Erkenntnissen der Menschen.

18. Verflucht sei die Zeit

„Verflucht sei die Zeit!" wird sehr oft von unzufriedenen Mitmenschen deklariert, um über Vorkommnisse in bestimmten Zeiträumen zu lamentieren. Die andern fluchen über die Zeit, da sie nach ihrer Ansicht ja sehr schnell vorübergeht oder entrinnt. Da der Mensch von Geburt an ein gewisses Guthaben an Zeit hat, versucht er spätestens nach Erreichen des Höhepunkts in seinem Leben etwas zu schaffen und zu hinterlassen, mit dem er Unsterblichkeit erreichen kann.

Die Sterblichkeit des Menschen bedeutet für ihn die unvorstellbare Erkenntnis, dass ein lebendiges Wesen, das denkt und fühlt, letztendlich unwiderruflich wieder in Einzelelemente und Atome zerlegt wird

Der Mensch versucht dem Fluch der Zeit zu entrinnen, indem er zu Lebzeiten versucht, durch seine Taten und Werke für eine angebliche Unsterblichkeit oder für ein angebliches Leben nach dem Tod Vorsorge zu treffen.

Mit diesen Parametern spielen die Religionen, die den Menschen ewiges Leben oder eine Wiedergeburt versprechen, sofern sie sich konform zu den religiösen Vorgaben verhalten.

19. Wertvollstes Kapital: die Zeit

Es bleibt dabei: Kein Kapital auf Erden ist so wichtig und so wertvoll wie die Zeit, da ohne Zeit und Zeiterfassung kaum ein normales Leben durchzuführen ist. Ob es Reiche und Mächtige, ob es Propheten und Philosophen sind: alle haben dem Faktor Zeit ihren Zoll bezahlt. Insoweit ist die Zeit das wertvollste Kapital, das der Menschen hat und das er erfasst, beschreibt und festlegt.

21. Ich habe keine Zeit

Sehr oft wird in der Kommunikation der Menschen und vor allem in heutigen Tagen behauptet, man habe keine Zeit. Dabei geht es aber darum zum Ausdruck zu bringen wofür man keine Zeit hat, denn die Zeitmenge ist objektiv im großen Ganzen gegeben. Der Mensch kann lediglich die Aufteilung der Zeit hinsichtlich Zielerreichung und Zielumsetzungen beeinflussen. Insoweit ist deren Behauptung sie hätten keine Zeit, sachlich falsch. Es kommt immer darauf an, beim Verbrauch der Zeit das angestrebte Ziel mit anzugeben.

Sehr oft besteht vor allem in der modernen Gesellschaft die Meinung, dass eine hoch getaktete Zeitaufteilung notwendig ist, um die Ziele zu erreichen. Sehr viele Soziologen und Philosophen widersprechen dieser Meinung, denn es kommt nicht darauf an, den Takt d. h. die Aufteilung der Zeiteinheit, zur Leistungserbringung oder zur Zielerreichung als Wertmaßstab anzusehen. Es geht vor allem darum, eine relative Zeitaufteilung vorzunehmen.

22. Zeit ist Geld

Es wird sehr oft die Behauptung aufgestellt, dass Zeit Geld ist. Die Zeitaufteilung und der Zeitverbrauch sind jedoch im ökonomischen Sinn ein Fundament zur Errechnung von Kosten und Preisen. Insoweit spielt die Komponente Zeit eine wesentliche Rolle für die Wirtschaftsleistungen und deren Bewertung.

Zeit im absoluten Sinn kann man jedoch nicht kaufen oder verkaufen. Sie ist lediglich über den indirekten Weg von Waren und Leistungen handelbar. Der Handel mit der Zeit ist lediglich im engeren Sinne der Ökonomie zulässig. Auch politische Entscheidungen, die mit der Zeit verbunden sind, können nicht gehandelt werden, da die Nachhaltigkeit der politischen Ziele und deren Umsetzung nicht mit der Zeit zu bewerten sind.

Insoweit ist die Aussage „Zeit ist Geld" äußerst eingeschränkt gültig.

23. Ich habe Zeit

Seltener als den Satz „Ich habe keine Zeit" hört man den Ausspruch „Ich habe Zeit". Auch diese absolute Aussage ist unrichtig, denn es fehlt der Bezug zu dem, wofür ich Zeit habe. Und hier stellt sich wieder mal die Frage nach der Zeiteinteilung und der Zuordnung zu Tätigkeiten oder sonstigen Bereichen des Lebens. Insoweit ist „Ich habe Zeit" immer verbunden mit einer Aufgabe. Im Extremfall ist jedoch Zeit zu haben und nichts zu tun genauso zu bewerten, da selbst das Nichtstun und Innehalten als eine Zeit zur Erholung und Wiedererstarkung der physischen und psychischen Kräfte gilt. Insoweit gilt Zeit zu haben in der heutigen hochgetakteten Zeiteinteilung schon fast als eine Ausnahme.

24. Zeichen der Endlichkeit

Wer sich mit Zeit befasst, kommt nicht umhin sich mit der Endlichkeit zu befassen - sei es die des Menschen, von Völkern, Gesellschaften, Kulturen, Wirtschaftsordnungen, Politik und politischen Gebilden, und selbst mit der Endlichkeit des Kosmos da selbst die Sonne endlich ist.

Die Zeiten und Zeiträume sind zum größten Teil nach den gleichen Phasen aufgeteilt: nämlich Geburt oder Entstehung, Aufstieg, Höhepunkt, Niedergang und Zerfall. Die Vorstellung, dass nach Aufstieg und Höhepunkt ein Niedergang eintritt, ist für die Menschen schier unerträglich und um die Hoffnungen zu konkretisieren wurden Religionen und andere Mächte ins Leben gerufen.

Das unerträgliche Verständnis des Zerfalls eines lebenden Menschen, einer Kultur, einer Religion, und selbst der Sonne übersteigt die Vorstellungskraft des Menschen. Die Endlichkeit an sich ist jedoch eine irreversible Komponente des Lebens. Wer sagt Leben ist Entstehung und Höhepunkt muss gleichzeitig auch sagen es ist Niedergang und Zerfall. Dies sind letztendlich nichts anderes als zwei Seiten der gleichen Medaille. Insoweit stellt die Endlichkeit eine wesentliche Komponente des Lebens dar.

25. Zeit: Glück oder Fluch

Zeit ist für viele Glück oder Fluch, je nach Verwendung und Zielsetzung dient ihnen die Zeitspanne zur Erreichung von Zielen oder zur Vermeidung von Katastrophen. Insoweit ist die Zeit je nach Standpunkt und je nach Aufgabe Glück oder Fluch. In kritischen Projekten kann durchaus die Zeitachse ein Fluch sein, wenn die Erreichung der Ziele kaum in den vorgegebenen Zeiten zu bewältigen ist. Glück ist jedoch, wenn genügend Zeit vorhanden ist um bei einer Katastrophe Leben zu retten. Insoweit ist die Bewertung der Zeit als Glück oder Fluch abhängig von der jeweiligen Situation.

26. Zeit ist Relativ

Die Zeit kann für den Einzelnen sehr relativ sein. Erwartet man dringend ein Ereignis, eine Ware oder eine Dienstleistung, kann die Wartezeit äußerst lang erscheinen. Um bei Umweltkatastrophen Leben zu retten, kann die Zeit durchaus als sehr knapp empfunden werden. Damit ist die Bewertung von Zeit nur von der jeweiligen Situation abhängig. Die Zeit kann aber auch abhängig von dem Ort sein, an dem man sich befindet. Insoweit ist auch Zeit relativ.

Zeit ist aber auch im hohen Maß abhängig von dem Empfinden des Menschen. Bei Schmerzen kann dem Betroffenen die Zeitdauer bis die Schmerzen abklingen sehr lang vorkommen. Beim Empfinden von Glück kann diese durchaus als sehr gering wahrgenommen werden. Insoweit ist das Wahrnehmen von Zeit durchaus abhängig von der Situation und vom Standpunkt.

27. Die Verblendung des weißen Mannes

Der verblendete Glaube des weißen Mannes, dass er die Zeit beherrscht, beruht lediglich darauf, dass er die Erfassung, die Einteilung, und die Bewertung von Zeit erheblich mit beeinflusst hat. Die Zeit an sich kann weder der weiße Mann noch irgendeine Macht beherrschen. Das künstliche Bild von der Unendlichkeit der Welt und Konzepte der Religionen wie dem Leben nach dem Tod dienen dem weißen Mann lediglich zur Überwindung der Angst vor der Endlichkeit.

Sehr oft verkennt jedoch der weiße Mann das Prinzip von Tod und „Wiedergeburt" und dass er, indem er seine Gene an seine Kinder weitergibt, möglicherweise eine gewisse Unsterblichkeit erlangen kann.

28. Die vergebliche Suche nach der Zeit oder Goethes Faust

Sei es in der Literatur, wie bei Goethe, in Märchen, in der Mythologie, immer wieder werden gangbare Wege zur Überwindung der Endlichkeit gesucht und beschrieben. Ob das Faust ist, der die Jugend wiederzuerlangen sucht und dafür bereit ist seine Seele, die letztendlich als unsterblich dargestellt wird, zu verkaufen. Oder im Krieg der der Götter gegenüber Sisyphus, oder das Wiederauferstehen von Toten als Vampire: Dies alles stellt den Versuch des weißen Mannes dar, dem Tod und dem Zerfall Paroli zu bieten.

29. Gleich verteiltes Kapital

Die Zeit ist so verteilt, dass weder Reiche noch Mächtige einen erheblichen Einfluss auf sie nehmen können. Insoweit ist die Verteilung nach Dauer des Lebens nicht den Mächtigen unterstellt.

Fakt ist jedoch, dass Diktatoren, Kriegsherren oder Führer, die Unglück über die jeweiligen Völker bringen, kaum einen realen Einfluss auf die Dauer ihres eigenen Lebens haben. Insoweit ist die Lebensdauer so auf die Menschen verteilt, dass kein noch so Reicher oder Mächtiger davon profitieren kann.

Unter diesem Gesichtspunkt ist die Zeit über die Menschheit gleich verteilt.

30. Das Zeitparadoxon

Als Zeitparadoxon bezeichnet man einen **unauflösbaren Widerspruch**, der durch eine Zeitreise entstehen kann. Die daraus entstehenden Folgerungen können beispielsweise zur Entstehung eines Paralleluniversums, einer Zeitschleife oder zu noch drastischeren Geschehnissen führen.

Das **Großvaterparadoxon** ist ein Paradoxon, das kausale Folgewidrigkeiten und Widersprüche bei Zeitreisen in die Vergangenheit zum Gegenstand hat. Es hat seinen Namen von einem bekannten Gedankenexperiment zu seiner Verdeutlichung: Angenommen, eine Person reist in die Vergangenheit und verursacht dort den Tod eines ihrer Großväter, noch bevor dieser das entsprechende Elternteil gezeugt hat; damit ist aber eine kausal notwendige Bedingung der Existenz der Zeitreisenden nicht mehr gegeben. Weiterhin ist aber auch die Kausalkette, die zur Zeitreise und zum Tod des Großvaters führte, unterbrochen. Damit wird auf eine grundlegende Problematik von Zeitreisen verwiesen. Es stellen sich z. B. die Fragen, ob sich durch die Zeitreise eine neue Zeitlinie ergeben hat, zu deren Vergangenheit die Zukunft der alten Zeitlinie zählt, oder ob sich damit die Unmöglichkeit von Zeitreisen insgesamt aufzeigt, oder ob angenommen werden muss, dass eine Zeitreise die (isolierten) Bedingungen ihres Zustandekommens selbst nicht aufheben kann, oder ob die Vergangenheit trotz Zeitreise unveränderlich ist. Neben der direkten Diskussion der Möglichkeit von Zeitreisen und kausaler Paradoxien berührt das Paradoxon auch weitere Bereiche der philosophischen Logik, z. B. bzgl. der Identität über mögliche Welten.

Geschichte der Bezeichnung

Das Großvater-Paradox muss bereits vor 1930 bekannt gewesen sein, ein früher sicherer Beleg ist der Erwähnung als „uralter Streit um die Verhinderung der eigenen Geburt durch Ermordung der Großeltern" in einem Leserbrief an die Science Fiction-Zeitschrift Amazing Stories. Frühe bedeutende literarische Veröffentlichung mit diesem Gegenstand sind die Kurzgeschichte Ancestral Voices von Nathaniel Schachner, die 1933 erschien und der Roman Le Voyageur imprudent von René Barjavel aus dem Jahr 1944.

Problemstellung

Eine klassische Formulierung stammt aus einem Aufsatz von David Lewis: "Could a time traveler change the past? It seems not: the events of a past moment could no more change than numbers could. Yet it seems that he would be as able as anyone to do things that would change the past if he did them. If a time traveler visiting the past both could and couldn't do something that would change it, then there cannot possibly be such a time traveler." (DAVID K. LEWIS, deutsch: „Könnte ein Zeitreisender die Vergangenheit verändern? Anscheinend nicht: Die Ereignisse eines vergangenen Zeitpunkts scheinen ebenso unveränderlich wie Zahlen zu sein. Dennoch scheint es so zu sein, dass er in der Vergangenheit genauso wie jede andere Person in der Lage wäre, Dinge zu tun, die die Vergangenheit ändern würden, wenn er sie denn täte. Wenn also ein Zeitreisender in der Vergangenheit gleichermaßen in der Lage ist etwas zu tun, was die Vergangenheit ändert, und nicht dazu in der Lage ist, dann kann es einen solchen Zeitreisenden gar nicht geben.")

Das Problem lässt sich etwas einhegen, wenn das Ziel der hypothetischen Zeitreise außerhalb des sogenannten Vergangenheitslichtkegels ihres Startpunkts liegt. In Theorien der Raumzeit, die nicht mit diesem Konzept arbeiten, kann die Zeitreise auch Aspekte einer selbsterfüllenden Prophezeiung annehmen, bei dem die Ereignisse der Zeitreise selbst Ursache oder Anlass der Zeitreise werden, und also immer schon Teil einer einzeln, geschlossenen Zeitlinie waren bzw. Teil einer geschlossenen Kausalitätsschleife (vgl. Nowikow-Selbstübereinstimmungsprinzip).

Mögliche Auflösungen

Will man die Möglichkeit von Zeitreisen nicht zurückweisen, ergeben sich verschiedene Argumentationsstrategien

- *In sich geschlossenes Universum*

Eine mögliche Auflösung bietet die Annahme eines in sich selbst konsistenten Universums: Es ist zwar möglich, in der Zeit zu reisen, aber nicht, Kausalitätsverletzungen zu produzieren. Alles, was der Zeitreisende in der Vergangenheit tut, ist schon vor der Zeitreise Teil ebendieser Vergangenheit. Angewandt auf das Großvaterparadoxon könnte sich folgendes Bild ergeben: Der Zeitreisende versucht zwar, seinen Großvater zu töten, scheitert aber dabei oder – im Gegenteil –

bewirkt sogar durch seinen Ausflug in die Vergangenheit, dass sich Großvater und Großmutter kennenlernen.

Eng gefasst müsste genau die gleiche Vergangenheit durchlaufen werden, die bis zum Zeitpunkt der Zeitreise durchlaufen wurde (das Auftauchen des Zeitreisenden ist bereits Teil der Vergangenheit). Fasst man die Interpretation etwas weiter, so muss lediglich gefordert werden, dass alle ausgelösten Veränderungen letztlich zu identischen Ausgangsbedingungen der Zeitreise führen müssen. Der Zeitreisende kann also zwar etwas in der Vergangenheit verändern, aber nur im Rahmen enger Beschränkungen (nämlich der Forderung nach einer konsistenten Wiederherstellung der Ausgangssituation seiner Zeitreise).

- *Parallelwelten*

Eine weitere mögliche Auflösung des Paradoxons beruht auf der Annahme von Parallelwelten. Der Zeitreisende reist dabei nicht tatsächlich in seine eigene Vergangenheit, sondern reist in eine unabhängige Zeitlinie in einer Parallelwelt, die ab dem Ankommen des Zeitreisenden nicht mehr der ursprünglichen Vergangenheit des Zeitreisenden entspricht. Durch dieses Eintreten in eine neue Welt löscht man sich also nicht mehr selbst aus, wenn man seinen vermeintlichen Großvater tötet, da es sich ja um den Großvater der Parallelwelt handelt. Der eigene Großvater ist dagegen unbeeinflusst und sorgt dafür, dass man selbst in der Gegenwart geboren wird, da er nicht mit dem anderen Großvater des Paralleluniversums interagiert. Bei dieser Annahme entsteht bei jeder Zeitreise ein eigenes Universum, da ansonsten erneut das Paradoxon entstehen würde.

Während jedoch die klassische Parallelwelt-Auflösung davon ausgeht, dass beide Versionen der Gegenwart nebeneinander existieren, wird in den meisten Science-Fiction-Geschichten die ursprüngliche Zeitlinie ausgelöscht und durch eine alternative Zeitlinie ersetzt.

- *Zeitschleife*

In den meisten Fällen von Film und Literatur wird durch eine Veränderung der Vergangenheit ganz einfach die Gegenwart verändert. Die Zeit bildet in diesem Fall eine geschlossene Schleife.

- *Trivia*

Das Paradoxon wurde in der Science-Fiction-Literatur und in jüngerer Zeit oft auch in Fernsehserien behandelt. Anbei eine Auswahl:

Ein bekanntes Beispiel in einem mit sich selbst konsistenten Universum bildet das Finale von Harry Potter und der Gefangene von Askaban sowohl im Buch wie in der gleichnamigen Verfilmung: Harry wird von einer unerkannten Person vor einem großen Schwarm Dementoren gerettet. Später reist er in der Zeit zurück und spricht selbst den Zauber, der sein vergangenes Ich beschützt.

Die Science-Fiction-Serie Dark spielt ebenfalls in einem selbstkonsistenten Universum. In der dritten Folge der zweiten Staffel wird das Großvaterparadoxon als Bootstrap-Paradoxon für kausale Zyklen direkt diskutiert. Der Zeitreisende war und ist auch Teil der Vergangenheit, auch seiner eigenen in der zur Zeitreise hinführenden Zeitlinie. Umgekehrt gibt es Gegenstände (bspw. das Buch Eine Reise durch die Zeit und die Zeitmaschine im Koffer), die in die Vergangenheit mitgenommen werden und dort als Muster für den Autor oder Erbauer dienen und so für ihre eigene Existenz kausal verantwortlich sind. Die Gegenstände haben keinen kausalen Ursprung, ihre Existenz begründet sich durch ihre Existenz.

In mehreren Filmen und TV-Episoden aus dem Star Trek-Franchise finden Zeitreisen statt, z. B. durch Risse in Raum und Zeit. Hier kann die Vergangenheit meist vorübergehend verändert werden, der Lauf der Geschichte kann aber durch Personen, die aus verschiedenen Gründen von der Änderung nicht betroffen waren oder zumindest ein Bewusstsein davon besitzen, korrigiert werden.

Ein Sonderfall des Großvaterparadoxons in einem in sich konsistenten Universum findet sich im Film Timerider – Das Abenteuer des Lyle Swann: hier wird der Protagonist im Laufe der Zeitreise zu seinem eigenen Urgroßvater – die Zeitreise wird zu ihrer eigenen Voraussetzung. Ebenso in der Futurama-Episode Roswell gut – alles gut. Der Protagonist Fry reist in die Vergangenheit und tötet unabsichtlich seinen Großvater. Auch hier wird das Paradoxon dadurch gelöst, dass Fry selbst seinen Vater zeugt und somit sein eigener Großvater wird.

In der Doctor-Who-Episode Vor der Flut (Folge 9.04) wird auf dieses Paradoxon mithilfe Beethovens 5. Sinfonie hingewiesen. Der Doktor erklärt, dass ein Zeitreisender in die Vergangenheit zurückkehrt, um die Notenblätter der Sinfonie von Beethoven signieren zu lassen. Er stellt jedoch fest, dass Beethoven nicht existiert. Daraufhin schreibt er die Noten ab und veröffentlicht sie selbst unter dem Namen Beethoven. Dies ruft die Frage danach hervor, wer der Erfinder der 5. Sinfonie sei.

In Zurück in die Zukunft wird öfter mit der Manipulation der Vergangenheit gespielt: Durch das Eingreifen des Protagonisten wird in Teil 1 das Selbstbewusstsein seines Vaters gestärkt und das Leben seiner Familie verbessert, ohne eine Parallelwelt zu erzeugen. Der Zeitreisende Marty muss dabei immer darauf achten, dass er die Bedingungen seiner Existenz nicht gefährdet; die Änderungen breiten sich jedoch wellenförmig aus, sodass es aus der Perspektive des Zeitreisenden dauert, bis die zukünftigen Effekte seiner Handlungen in der Vergangenheit ihn erreichen, während er auf der Zeitreise ist.

Auch in der Fernsehserie The Flash gibt es solche Parallelwelten, wobei hier die Einordnung schwierig ist, da die Serie sowohl in Parallelwelten als auch in einer ab und an veränderten Gegenwart spielt.

Seite „Großvaterparadoxon". In: Wikipedia, Die freie Enzyklopädie. Bearbeitungsstand: 15. Februar 2021, 19:28 UTC. URL: https://de.wikipedia.org/w/index.php?title=Gro%C3%9Fvaterparadoxon&oldid=208855247 (Abgerufen: 3. März 2021, 13:44 UTC)

31. Deja Vu

Als Déjà-vu deʒaˈvy (frz. déjà vu = ‚schon gesehen') bezeichnet man eine Erinnerungstäuschung, bei der eine Person glaubt, ein gegenwärtiges Ereignis früher schon einmal erlebt zu haben. Dabei hat die betroffene Person das sichere Gefühl, eine neue Situation bereits in der Vergangenheit in gleicher Weise schon einmal durchlebt zu haben.

Im Französischen wird dieses psychische Phänomen u. a. in folgende Formen aufgeteilt: Déjà-entendu deʒaãtãˈdy bzw. Déjà-écouté (frz. ‚schon gehört') oder Déjà-vécu deʒaveˈky (frz. ‚schon erlebt'), Déjà rêvé (frz. ‚schon geträumt' (bzw. vorgestellt)).

Weitere Bezeichnungen für diese qualitative Gedächtnisstörung (psychopathologische Bezeichnung) sind Erinnerungstäuschung (Sander), identifizierende Erinnerungsfälschung (Kraeppelin), Bekanntheitstäuschung, (gnostische) Erinnerungsillusion und Fausse reconnaissance fos ʀəkɔnɛˈsãs (frz. ‚falsches Wiedererkennen').

Ein Déjà-vu tritt beim gesunden Menschen vereinzelt spontan, im Zustand der Erschöpfung oder bei Vergiftungen, aber auch in Träumen gehäuft auf. Als Begleiterscheinung von Neurosen, Psychosen oder organischen Hirnerkrankungen, vor allem des Temporallappens, können Déjà-vus ebenfalls gehäuft auftreten. Nach Umfragen hatten 50 bis 90 Prozent aller Menschen mindestens einmal ein Déjà-vu, vergessen aber meist nach einer gewissen Zeit, wo und wann es zuletzt auftrat.

Das Gegenteil des Déjà-vus, das Gefühl von Fremdheit in einer vertrauten Umgebung, heißt Jamais-vu-Erlebnis ʒamɛˈvy (frz. ‚nie gesehen') und kann unter ähnlichen Umständen auftreten.

Etymologie

1868 soll der deutsche Psychiater Julius Jensen die Bezeichnung Doppelwahrnehmung für Phänomene eingeführt haben, die heute auch als Déjà-vu bezeichnet werden. Für Jensens Bezeichnung Doppelwahrnehmung soll Wilhelm Sander die Bezeichnung Erinnerungstäuschung vorgeschlagen haben. Der französische Philosoph E. Boirac soll das Wort Déjà-vu im Jahre 1876 verwendet haben in seinem Buch L'Avenir des sciences psychiques (Die Zukunft der psychischen Wissenschaften).)

Forschung

Viele Wissenschaftler sehen in der Ergründung des Déjà-vus große Chancen. So könnte die Erforschung von Déjà-vus nicht nur erklären helfen, wie Gedächtnistäuschungen entstehen, sondern auch, wie es dem Gehirn überhaupt gelingt, ein kontinuierliches Abbild der Realität zu konstruieren. Entsprechend diesen Erwartungen liegen reichlich Studien und Erklärungsversuche vor, die einander zum Teil widersprechen:

Einer Hypothese zufolge treten Déjà-vus in Situationen auf, die an ein verdrängtes, tatsächlich erlebtes Ereignis erinnern, das so kurz wahrgenommen wurde, dass es nicht bewusst registriert werden konnte.

Nach einer anderen Hypothese sind verdrängte Phantasien die Quelle von Déjà-vus.

Möglicherweise handelt es sich um spezielle Situationen, in denen Kurz- und Langzeitgedächtnis für einen Moment nicht aufeinander abgestimmt sind. Danach beruht das Erlebnis auf teilweiser Übereinstimmung aktueller und früher erlebter Situationsmerkmale, die nach dem Pars-pro-toto-Prinzip ergänzt werden: Eine vertraut wirkende Situation enthält zum Beispiel einen bestimmten, bekannten Geruch. Dieses einzelne Element sorgt dann für ein Wiedererkennen, das auf die gesamte Situation übertragen wird.

Frühe Experimente belegten, dass Déjà-vus mit neurochemischen Vorgängen in den Temporallappen des Gehirns zusammenhängen. Durch Elektrostimulation der äußeren Temporallappen ließ sich die Wahrscheinlichkeit eines Déjà-vus auf das Vierfache erhöhen.

Traumatische Schädigungen des Temporallappens können Häufungen von Déjà-vus nach sich ziehen.

Eine Überreizung der äußeren Schläfenlappen kann auch bei Epilepsiepatienten auftreten. Viele Betroffene beschreiben Zustände, die einen epileptischen Anfall ankündigen. Diese werden als eine Aura bezeichnet und gehen häufig mit Déjà-vus einher.

Forscher der Duke University untersuchten das Zusammenspiel der Gehirnregionen bei Erinnerungen: Bei Déjà-vus ist nur der Scheitellappen aktiv, im Gegensatz zu realen Erinnerungen, die zusätzlich den Schläfenlappen beanspruchen.

Untersuchungen ergaben, dass Déjà-vus oft nach Phasen großer Belastung auftreten, wenn der Stress abebbt und der Mensch sich wieder entspannt.

Weitere Studien zeigten einen Zusammenhang zwischen der Imaginationsfähigkeit eines Menschen und der Häufigkeit von Déjà-vus.

Manche Drogen erhöhen die Wahrscheinlichkeit, diesem Phänomen zu unterliegen.

Das Phänomen in der Kunst

Johann Wolfgang von Goethe schildert in seinem Buch „Dichtung und Wahrheit" ein Erlebnis, welches einem Déjà-vu sehr nahekommt: Er ritt als junger Mann auf dem Rückweg von einer biografisch besonderen Situation durch eine Landschaft und sah sich für einen Moment selbst auf einem Pferd entgegen reiten, jedoch als älterer Mann und in anderen Kleidern (Präkognition). Einige Jahre später ritt er zufällig durch dieselbe Gegend und erinnerte sich plötzlich an das Erlebnis und bemerkte, dass er exakt die Kleider trug, wie bei dem inneren Bild, das er damals gesehen hatte.

In Folge 16 von Monty Python's Flying Circus aus dem Jahr 1970 erlebt der Moderator einer Fernsehsendung über psychologische Phänomene, dargestellt von Michael Palin, eine Serie von Déjà-vus.

In dem Film Matrix deutet ein offensichtliches Déjà-vu auf eine Manipulation des simulierten Weltgefüges hin. (Szene bei 74:27 min., in der eine schwarze Katze zweimal eine Tür passiert und sich schüttelt.)

Von Ralph Wallner stammt ein Theaterstück mit dem Namen „Breznknödl-Deschawü".

2006 fand im Atelier Augarten in Wien eine Ausstellung unter dem Titel „Déjà-vu" statt. Sieben zeitgenössische Künstler nahmen zu dem Phänomen der geheimnisvollen Wiederkehr des Vergangenen Stellung. Zu sehen waren Arbeiten von Anna Gaskell, Isabell Heimerdinger, Constantin Luser, Jan Mancuska, Martina Steckholzer, David Thorpe und Clemens von Wedemeyer.

In der Musik gibt es u. a. folgende Darstellungen des Phänomens. Die US-Rockband Crosby, Stills, Nash & Young veröffentlichte 1970 ihr Album Déjà Vu, dessen Titel auf dem gleichnamigen Stück von David Crosby beruht, das auf dem Album zu finden ist. Die Deutschrockband Spliff brachte 1982 das Neue-Deutsche-Welle-Lied Déjà

Vu heraus. 1991 veröffentlichte Dieter Bohlen mit seiner Band Blue System eine Single und ein Album dieses Namens. 1999 veröffentlichte Dave Rodgers das Lied Deja Vu, welches unter anderem durch den Anime Initial D, in dem es vorkam, größere Bekanntheit erlangte. 2006 veröffentlichte die R&B-Sängerin Beyoncé Knowles ein gleichnamiges Lied. Eminem veröffentlicht 2009 den Song Deja vu auf seinem Album Relapse. Von Hannes Kinder stammt das Lied „Déjà-vu", das am 19. August 2013 als Single veröffentlicht wurde. Ebenso entstand durch eine Kollaboration des australischen DJ und Produzenten Timmy Trumpet mit dem neuseeländischen Rapper Savage 2017 ein Lied namens Deja Vu.

Seite „Déjà-vu". In: Wikipedia, Die freie Enzyklopädie. Bearbeitungsstand: 18. Dezember 2020, 23:18 UTC. URL: https://de.wikipedia.org/w/index.php?title=D%C3%A9j%C3%A0-vu&oldid=206675453 (Abgerufen: 3. März 2021, 13:46 UTC)

32. Epilog

Es ist festzuhalten, dass die Zeit erheblich mehr Facetten hat als man im täglichen Umgang mit ihr wahrnimmt. Die Zeit, ihre Strukturen und Messung und ihre Erfassung stellen für die Menschheit einen wesentlichen Teil ihres Daseins bzw. ihrer Daseinsberechtigung dar. Die Erreichung von Zielen des Menschen, der Gesellschaften, der Mächte ist ohne die Zeit nicht realisierbar.

Diese Erkenntnis schlummert irgendwie in den Menschen, jedoch ist das reale Bewusstsein über die Zeit kaum gegeben. Mit der Zeit ist die Endlichkeit verbunden und damit die Endlichkeit von Menschen, Kulturen, Gesellschaften, Mächten und Religionen.

Der Gedanke der Endlichkeit ist für den Menschen unerträglich und daher wurde mit Hilfe von Philosophie, Ideologien, Aberglauben und Religionen die Unendlichkeit der Seele des Menschen propagiert.

Mit dem Versprechen des ewigen Lebens der menschlichen Seele ist eine Wiedergeburt oder der Sieg über den Tod verbunden, selbst wenn das physische Leben beendet ist und der Verfall des Körpers eintritt. Dabei wurde vergessen, dass mit der Vermehrung der Menschen ihre Gene und damit ihre Erfahrungen und Wissen weitergegeben werden. Dies macht die Unsterblichkeit der Menschheit aus.

Eines ist unumstößlich: Die Zeit bildet neben Luft, Wasser und Nahrung die Grundlage des menschlichen Lebens auf der Erde.

33. Literaturverzeichnis

- H. Bock: Die Uhr. Grundlagen und Technik der Zeitmessung. 2. Auflage. Leipzig/ Berlin 1917.
- Wolfgang Deppert: Zeit. Die Begründung des Zeitbegriffs, seine notwendige Spaltung und der ganzheitliche Charakter seiner Teile. Steiner, Stuttgart 1989. ISBN 3-515-05219-4, ISBN 978-3-515-05219-1.
- Rudi Koch (Hrsg.): BJ-Lexikon. Uhren und Zeitmessung. 2. Auflage, Leipzig 1989.
- Trude Ehlert (Hrsg.): Zeitkonzeptionen, Zeiterfahrung, Zeitmessung. Paderborn/Wien/Zürich 1997.
- Markwart Herzog (Hrsg.): Der Streit um die Zeit. Zeitmessung – Kalenderreform – Gegenzeit – Endzeit. Irrseer Dialoge. Kultur und Wissenschaft interdisziplinär. Bd. 5. Kohlhammer, Stuttgart 2002, ISBN 3-17-016971-8.
- Willibald Katzinger (Hrsg.): Zeitbegriff. Zeitmessung und Zeitverständnis im städtischen Kontext. Beiträge zur Geschichte der Städte Mitteleuropas. Bd. 17. Linz 2002, ISBN 3-900387-57-5.
- Marit Rullmann, Werner Schlegel: Zeit – ewiger Zyklus oder rasender Stillstand. In Frauen denken anders. Frankfurt/M. 2000, ISBN 3-518-39654-4.
- Hermann Brinkmann: Die Uhrmacherschule, eine Fachbuchreihe für die Berufsausbildung. Wilhelm Knapp Verlag, Düsseldorf 2005.
- Leonard Mlodinow: Eine kurze Geschichte der Zeit (Originaltitel: „A Brief History of Time", 1988, übersetzt von Hainer Kober), Rowohlt, Reinbek bei Hamburg 1991, ISBN 3-499-60555-4
- C. Audoin und J. Vanier: Atomic frequency standards and clocks. Journal of Physics E: Scientific Instruments, 1976.
- Rexmond D. Cochrane: Measures for Progress: A History of the National Bureau of Standards. U.S. Department of Commerce, Washington D. C. 1966.
- Gisbert L. Brunner: Der lange Weg zur elektronischen Präzision. In: Uhren – Juwelen – Schmuck. Heft 2, 1995, S. 95–104, und Heft 3, 1995, S. 71–78.
- Johannes Graf (Hrsg.): Die Quarzrevolution. 75 Jahre Quarzuhr in Deutschland. Vorträge anlässlich der Tagung im Deutschen Uhrenmuseum Furtwangen am 20. und 21. August 2007, Furtwangen 2008. ISBN 3-922673-27-9.
- Helmut Kahlert, Richard Mühe, Gisbert L. Brunner, Christian Pfeiffer-Belli: Armbanduhren: 100 Jahre Entwicklungsgeschichte. Callwey, München 1983; 5. Auflage ebenda 1996, ISBN 3-7667-1241-1, S. 105–115 und 505.

- *Michael A. Lombardi: The Evolution of Time Measurement, Part 2: Quartz Clocks, in: IEEE Instrumentation & Measurement Magazine, Jg. 14, 2011, S. 41–48.*
- *Lucien F. Trueb, Günther Ramm, Peter Wenzig: Die Elektrifizierung der Armbanduhr, München 2011. ISBN 978-3-87188-236-4.*
- *Eugen Gelcich: Skizze einer Geschichte der Chronometer nebst einer Revue der letztjährigen Erfahrungen und Beobachtungen über die Ursachen der Gangveränderungen. Deutsche Uhrmacher-Zeitung 1886. SLUB*
- *Dava Sobel: Längengrad. Die wahre Geschichte eines einsamen Genies, welches das größte wissenschaftliche Problem seiner Zeit löste. (Originaltitel: Longitude, übersetzt von Mathias Fienbork), Berlin-Verlag, Berlin 1996, ISBN 3-8270-0214-1. (Als Taschenbuch: BvT 76106, Berlin-Taschenbuch-Verlag, Berlin 2003, ISBN 3-442-76106-9, sowie 2010: Längengrad – die illustrierte Ausgabe (mit William J. H. Andrewes und Dirk Muelder), ISBN 978-3-8270-0970-8).*
- *Hans von Bertele: Marine- und Taschenchronometer. Geschichte, Entwicklung, Auswirkungen. Calwey, München 1981, ISBN 3-7667-0512-1.*
- *Gisbert L. Brunner: Mechanische Armbandchronometer aus der Manufaktur von Junghans in Schramberg. In: Alte Uhren. Heft 4, 1982, S. 312–320.*
- *Joachim Schardin, Peter Plaßmeyer; Johannes Eulitz (Hrsg.): Taschenuhren und Seechronometer deutscher, österreichischer und englischer Meister. Sammlungskatalog/Staatlicher Mathematisch-Physikalischer Salon, Dresden/Zwinger. Staatlicher Mathematisch-Physikalischer Salon, Dresden 1997, ISBN 3-00-002073-X.*
- *Alun C. Davis: Aufstieg und Niedergang der Chronometerherstellung in Großbritannien. Alte Uhren, Jahrgang 4, Calwey, München 1981, S. 165–176 ISSN 0343-7140.*
- *Constantin Parvulesco: Zeit & Meer – Die Geschichte der Chronometer. Delius Klasing, Bielefeld 2013, ISBN 978-3-7688-3676-0.*
- *Dava Sobel und William J. H. Andrewes: Längengrad – die illustrierte Ausgabe. Die wahre Geschichte eines einsamen Genies, welches das größte wissenschaftliche Problem seiner Zeit löste. Berlin-Verlag, Berlin 2010, ISBN 3-8270-0970-7 (englisch: Longitude. Übersetzt von Matthias Fienbork und Dirk Melder).*
- *Libuše Urešová: Alte Uhren; Verlag Verner Dausien; Hanau/M 1990 ISBN 3-7684-1697-6*
- *Daines Barrington: Observations on the earliest Introduction of Clocks: By the Honourable Daines Barrington. In a Letter to the Honourable Mr. Justice Blackstone. In: Archaeologia. Band 5, Januar 1779, S. 416–428.*
- *Carl W. Schirek: Die Uhr in kulturgeschichtlicher und kunstgewerblicher Beziehung. Brünn 1890*
- *Frederick James Britten: Old Clocks and Watches & their Makers. 2. Auflage. London 1904.*

- *Ernst von Bassermann-Jordan: Uhren. Ein Handbuch für Sammler und Liebhaber. Berlin 1914; 4. Auflage, mit Hans von Bertele, Braunschweig 1961 (= Bibliothek für Kunst- und Antiquitätenfreunde. Band 7).*
- *H. Bock: Die Uhr. Grundlagen und Technik der Zeitmessung. 2. Auflage. Leipzig/ Berlin 1917.*
- *P. Fintan Kindler: Die Uhren. Ein Abriß der Geschichte der Zeitmessung. Benziger, Köln 1905. Verlag Historische Uhrenbücher, Berlin 2012, ISBN 978-3-941539-14-3.*
- *Ernst von Bassermann-Jordan (Hrsg.): Die Geschichte der Zeitmessung und der Uhren. VWV Walter de Gruyter, Berlin 1920. (Digitalisat)*
- *Ernst Bassermann-Jordan: Alte Uhren und ihre Meister. Wilhelm Diebener, Leipzig 1926.*
- *Howard Maryatt: Watches. ohne Ort 1938.*
- *J. Hottenroth: Die Taschen- und Armbanduhr. 2 Bände. Pforzheim 1950.*
- *Granville Hugh Baillie: Clocks and watches. An historical bibliography. London 1951.*
- *Willy Kunz: Die Uhr. Eterna S.A., Grenchen 1955.*
- *Anton Lübke: Die Uhr. Düsseldorf 1958.*
- *Ludwig Lehotzky: Mechanische Uhren. 2 Bände. 3. Auflage, Wien/ Heidelberg 1960–1961.*
- *Ernst von Bassermann-Jordan, Hans von Bertele: Uhren. Klinkhardt & Biermann, Braunschweig 1969.*
- *Manfred Ballweg: Bruckmanns Uhrenlexikon. München 1975.*
- *Donald de Carle: Watch & Clock Encyclopedia. Neudruck New York 1977.*
- *Reinhard Meis: Die Alte Uhr. Klinkhardt & Biermann, Braunschweig 1978, ISBN 3-7814-0116-2.*
- *Hermann Brinkmann: Einführung in die Uhrenlehre. 7. Auflage. Düsseldorf 1979.*
- *Die Welt als Uhr. Deutsche Uhren und Automaten 1550–1650. Bearbeitet von Klaus Maurice und Otto Mayr. Ausstellungskataloge Bayerisches Nationalmuseum, München 1980.*
- *Silvio A. Bedini: Die mechanische Uhr und die wissenschaftliche Revolution. In: Die Welt als Uhr. Deutsche Uhren und Automaten 1550–1650. Bearbeitet von Klaus Maurice und Otto Mayr. Ausstellungs-Katalog Bayerisches Nationalmuseum, München 1980, S. 21–29.*
- *David S. Landes: Revolution in Time. Clocks and the Making of the Modern World. W. W. Norton, New York 1983 (auch bei Harvard University Press, Cambridge/Mass./ London 1983).*
- *Jürgen Abeler: Zeit-Zeichen. Die tragbare Uhr von Henlein bis heute. Harenberg Kommunikation, Dortmund 1983, ISBN 3-88379-362-0.*
- *Z. Martinek, J. Rehor: Mechanische Uhren. 5. Auflage. Berlin (Ost) 1983.*

- *Jean-Marc Barrelet: Petit Guide pour servir à l'Histoire de l'Horlogerie. Neuchâtel 1988.*
- *Gisbert L. Brunner: Uhren mit Seele. In: Lui. Heft 12, 1988, S. 48–51.*
- *Gisbert L. Brunner: Goldene Zeiten für Zeitmesser am Handgelenk. In: Uhren. Heft 5, 1989, S. 45–54.*
- *Klaus Menny: Die Funktion der Uhr. München 1989.*
- *Rudi Koch (Hrsg.): BJ-Lexikon. Uhren und Zeitmessung. 2. Auflage, Leipzig 1989.*
- *Gerhard Dohrn-van Rossum: Die Geschichte der Stunde. Uhren und moderne Zeitordnungen. Hanser, München 1992, ISBN 978-3-446-16046-0; Nachdruck Anaconda, Köln 2007, ISBN 978-3-86647-139-9.*
- *Jürgen Abeler: Ullstein Uhren Buch. Eine Kulturgeschichte der Zeitmessung. Ullstein, Frankfurt am Main 1994, ISBN 3-550-06849-2.*
- *Victor Pröstler: Callweys Handbuch der Uhrentypen. München 1994.*
- *Gerhard Claußen, Karl-Hermann: Das große Uhren-ABC. 2. Auflage. Bremen 1996.*
- *Giampiero Negretti, Paolo De Vecchi: Faszination Uhr. München 1996.*
- *Gerhard König: Die Uhr. Geschichte, Technik, Zeit. Koehler + Amelang, Berlin 1999, ISBN 3-7338-0065-6.*
- *Carlo M. Cipolla: Gezählte Zeit. Wie die mechanische Uhr das Leben veränderte. Wagenbach, Berlin 1999, ISBN 3-8031-2343-7.*
- *Lambert Wiesing: Die Uhr. Eine semiotische Betrachtung. Heft 5. St. Johann GmbH, Saarbrücken 1998, ISBN 3-9285-9633-0.*
- *Harry M. Vehmeyer: Clocks. Their origin and development 1320–1880. Gent 2004.*
- *Gerhard Dohrn-van Rossum, Marcus Popplow: Uhr, Uhrmacher. In: Enzyklopädie der Neuzeit. Band 13: Subsistenzwirtschaft – Vasall. Stuttgart 2011, Sp. 887–896.*
- *Ulrich Alertz: Das Horologium des Harûn al-Raschîd für Karl den Großen – Ein Versuch zur Identifikation und Rekonstruktion nach der Bauanleitung des al-Gazarî. In: Wolfgang Dreßen, Georg Minkenberg, Adam C. Oellers (Hrsg.): Ex Oriente – Isaak und der weiße Elefant. Bagdad – Jerusalem – Aachen. Band I, von Zabern, Mainz 2003, S. 234–249, 10 Abbildungen*
- *Daniela Wuensch, Klaus P. Sommer (Hrsg.): Die altägyptische Zeitmessung / Ludwig Borchardt. Neu hrsg. von Daniela Wuensch & Klaus P. Sommer. (Mit einer Einleitung von Daniela Wuensch "Was die alten Ägypter über Uhren und Zeitmessung wussten.") Reprint der Ausgabe von 1920, Termessos, Göttingen 2013, ISBN 978-3-938016-14-5.*
- *Richard Anthony Parker: Egyptian Astronomy, Astrology and calendrical reckoning. In: Charles-Coulson Gillispie: Dictionary of scientific Biography. American Council of Learned Societies. Bd. 15, Supplement 1 (= Roger Adams, Ludwik Zejszner: Topical essays.) Scribner, New York 1978, ISBN 0-684-14779-3, S. 706–727.*

- Ludwig Borchardt: Altägyptische Zeitmessung. In: Ernst von Basser-mann-Jordan (Hrsg.): Die Geschichte der Zeitmessung und der Uh-ren. Band I, Lieferung B, De Gruyter, Leipzig/ Berlin 1920.
- Siegfried Schott: Altägyptische Festdaten. Verlag der Akademie der Wis-senschaften und der Literatur, Mainz/ Wiesbaden 1950.
- Alexandra von Lieven: Der Himmel über Esna. Eine Fallstudie zur religi-ösen Astronomie in Ägypten am Beispiel der kosmologischen Decken- und Architravinschriften im Tempel von Esna. Harrassowitz, Wiesbaden 2000, ISBN 3-447-04324-5.
- Alexandra von Lieven: Grundriss des Laufes der Sterne. Das sogenannte Nutbuch. The Carsten Niebuhr Institute of Ancient Eastern Studies (u. a.), Kopenhagen 2007, ISBN 978-87-635-0406-5.
- Friedrich Karl Ginzel: Handbuch der mathematischen und technischen Chronologie. 3 Bände. Hinrichs, Leipzig (1906–1914, bis heute ein Stan-dardwerk).
- Christian Ludwig Ideler: Handbuch der mathematischen und techni-schen Chronologie. 2. Auflage. 2 Bände. Breslau 1883.
- Karl Mütz: Faszination Kalender – Kalender, Ewige Kalender, Kalender-uhren lesen und verstehen. Polygon, Eichstätt 1996, ISBN 3-928671-14-6.
- Ludwig Rohner: Kalendergeschichte und Kalender. Akademische Ver-lagsgesellschaft Athenaion, Wiesbaden 1978, ISBN 3-7997-0692-5.
- Hannes E. Schlag: Ein Tag zuviel. Aus der Geschichte des Kalenders. Kö-nigshausen & Neumann, Würzburg 1990, ISBN 3-8260-1531-2
- Robert Schram: Kalendariographische und chronologische Tafeln. Hin-richs, Leipzig 1908.
- Heinz Zemanek: Kalender und Chronologie. Bekanntes & Unbekanntes aus der Kalenderwissenschaft. 6. Auflage. R. Oldenbourg, München 2008, ISBN 978-3-486-22795-6.
- Calender, Kalender, Allmanach, Calendarium, Zeit-Buch, Fasti. In: Jo-hann Heinrich Zedler: Grosses vollständiges Universal-Lexicon Aller Wis-senschafften und Künste. Band 5, Leipzig 1733, Sp. 223–241.
- Rudolf Wendorff: Tag und Woche, Monat und Jahr. Eine Kulturge-schichte des Kalenders. Springer VS, Wiesbaden 1993, ISBN 978-3-322-99877-4.
- Lynn Thorndike: Invention of the mechanical clock about 1271 A.D. In: Speculum. Band 16, 1941, S. 242 f.
- Klaus Maurice: Von Uhren und Automaten. Das Messen der Zeit. Mün-chen 1968.
- Samuel Guye, Henri Michel: Uhren und Messinstrumente des 15. bis 19. Jahrhunderts. Orell Füssli, Zürich 1971.
- Cedric Jagger: Wunderwerk Uhr. Albatros, 1977, ISBN 0-600-34027-9.
- Gil Baillod: Die Geschichte der Zeitmessung. Lausanne 1979.

- Anton Lübke: Uhren, Glocken, Glockenspiele. Müller, Villingen 1980, ISBN 3-920662-03-2.
- Klaus Maurice, Otto Mayr (Bearbeiter): Die Welt als Uhr. Deutsche Uhren und Automaten 1550–1650. Ausstellungskataloge Bayerisches Nationalmuseum, München 1980.
- Jean-Marc Barrelet: Petit Guide pour servir à l'Histoire de l'Horlogerie. Neuchâtel 1988.
- Peter Heuer, Klaus Maurice: Europäische Pendeluhren Dekorative Instrumente der Zeitmessung. Callwey, München 1988, ISBN 978-3-7667-0858-8.
- Eva Marko, Lukas Stolberg (Bearb.): Zeitmesser – Von der Sonnenuhr zum Räderwerk. Ausstellungskatalog Joanneum, Graz 1989.
- Gerhard Dohrn-van Rossum: Die Geschichte der Stunde. Uhren und moderne Zeitordnung. Hanser, München / Wien 1992, ISBN 978-3-446-16046-0.
- Jürgen Abeler: Eine Kulturgeschichte der Zeitmessung. Ullstein Uhren Buch Ullstein, Frankfurt am Main 1994, ISBN 978-3-550-06849-2.
- Georg Andrich: Die Uhren und ihre Konstruktionen. Reprint Edition, Libri Rari im Verlag Schäfer, Hannover 2002, ISBN 978-3-88746-447-9.
- Anton Kreuzer: Armbanduhren: Geschichte, Technik und Design. Nikol, 2005, ISBN 3-937872-14-0.
- Peter Braun: Armbanduhren Spezial A. Lange und Söhne: Geschichte – Design – Technik. Heel, 3. Auflage, 2006, ISBN 3-89880-552-2.
- Dominique Flechon: The mastery of time. A history of timekeeping, from the sundial to the wristwatch: discoveries, inventions and advances in master watchmaking. Paris 2011.
- Joël Pynson: Le chronographe de poche suisse – Der Schweizer Taschenchronograph. Chronometrophilia, La Chaux-de-Fonds 2015, ISBN 978-2-88380-036-6
- Thomas Lampert, Lars Eric Kroll: Soziale Unterschiede in der Mortalität und Lebenserwartung. In: RKI-GBE kompakt 5(2), Robert Koch-Institut, Berlin 10. März 2014 (PDF: 13 Seiten, 3 MB).
- Rainer Flindt: Biologie in Zahlen. 3. erweiterte Auflage. G. Fischer, Stuttgart / New York, NY 1988, ISBN 3-437-30592-1.
- Christoph Junker: Gesundheit und Lebenserwartung. In: Willy Oggier (Hrsg.): Gesundheitswesen Schweiz 2015–2017. 5. Auflage. Hogrefe, Bern 2015, ISBN 978-3-456-85441-0 (E-Book (PDF) ISBN 978-3-456-95441-7) S. 77–89.
- Thomas Lampert, Lars Eric Kroll, Annalena Dunkelberg: Soziale Ungleichheit der Lebenserwartung. In: APuZ. 42/2007. (online als PDF; 40 Seiten, 3,5 MB) (Onlinelink)
- K. Lauterbach, M. Lüngen, B. Stollenwerk, A. Gerber, G. Klever-Deichert: Zum Zusammenhang zwischen Einkommen und Lebenserwartung. In: Studien zu Gesundheit, Medizin und

Gesellschaft. 1/2006 (online als PDF, 12 Seiten, 247 kB) vom Institut für Gesundheitsökonomie und Klinische Epidemiologie, Köln.

- *Johann P. Mackenbach: Health Inequalities: Europe in Profile. UK Presidency of the EU, Rotterdam 2006 (online als PDF, 53 Seiten, 1,2 MB).*
- *Jörg Vögele: Lebenserwartung. In: Werner E. Gerabek, Bernhard D. Haage, Gundolf Keil, Wolfgang Wegner (Hrsg.): Enzyklopädie Medizingeschichte. De Gruyter, Berlin/ New York 2005, ISBN 3-11-015714-4, S. 831 f.*
- *Meyers Lexikonredaktion (Hrsg.): „Schlag nach!" 100'000 Tatsachen aus allen Wissensgebieten. 13. neu bearbeitete Auflage. Mannheim / Wien / Zürich 1976, ISBN 3-411-02430-5, S. 134, 148.*

FSC
www.fsc.org
MIX
Papier | Fördert
gute Waldnutzung
FSC® C083411

Zeitfracht Medien GmbH
Ferdinand-Jühlke-Straße 7
99095 Erfurt, Deutschland
produktsicherheit@kolibri360.de